功能路径翻译研究

第一辑

司显柱　常晨光/主编

中山大学出版社
SUN YAT-SEN UNIVERSITY PRESS

·广州·

版权所有　翻印必究

图书在版编目（CIP）数据

功能路径翻译研究：第一辑：汉文、英文/司显柱，常晨光主编. —广州：中山大学出版社，2022.3
ISBN 978-7-306-07464-5

Ⅰ.①功… Ⅱ.①司…②常… Ⅲ.①翻译理论—研究—汉、英 Ⅳ.①H059

中国版本图书馆CIP数据核字（2022）第040863号

GONGNENG LUJING FANYI YANJIU·DI-YI JI

出 版 人：	王天琪
策划编辑：	熊锡源
责任编辑：	熊锡源
封面设计：	林绵华
责任校对：	陈晓阳
责任技编：	靳晓虹
出版发行：	中山大学出版社
电　　话：	编辑部 020-84110283，84113349，84111997，84110779，84110776
	发行部 020-84111998，84111981，84111160
地　　址：	广州市新港西路135号
邮　　编：	510275　传　真：020-84036565
网　　址：	http://www.zsup.com.cn　E-mail：zdcbs@mail.sysu.edu.cn
印　刷　者：	广州市友盛彩印有限公司
规　　格：	880mm×1230mm　1/32　9.25印张　241千字
版次印次：	2022年3月第1版　2022年3月第1次印刷
定　　价：	40.00元

如发现本书因印装质量影响阅读，请与出版社发行部联系调换

《功能路径翻译研究》编辑委员会

顾问：黄国文　张美芳
主任：司显柱　常晨光

委员（按姓氏拼音为序）
　　　　陈　旸（华南农业大学）
　　　　何　伟（北京外国语大学）
　　　　李发根（江西师范大学）
　　　　刘　毅（深圳大学）
　　　　王红阳（宁波大学）
　　　　王　勇（华中师范大学）
　　　　熊锡源（中山大学出版社）
　　　　杨炳钧（上海交通大学）
　　　　于　晖（北京师范大学）
　　　　曾　蕾（中山大学）

翻译研究的功能路径 （代序）

黄国文[*]

1. 引言

在中山大学国际翻译学院院长常晨光教授和北京第二外国语学院高级翻译学院院长司显柱教授的共同努力下，"功能路径翻译研究学术论坛——系统功能语言学理论在翻译研究中的适用性"于 2020 年 11 月 6 日至 8 日在美丽的珠海召开。我参加了论坛，并做了题为"闻道有先后，术业有专攻：我的翻译研究之路"的发言。会后，司显柱教授策划编辑出版《功能路径翻译研究（第一辑）》，并希望我能写个序言。我要感谢显柱的邀请，使我有机会谈谈我在翻译研究的功能路径方面的一些个人经历和学术观点。

---

[*] 黄国文，教育部"长江学者"特聘教授，华南农业大学外国语学院院长、教授、博士生导师，现任国际生态语言学学会（IEA）中国地区代表，中国英汉语比较研究会（国家一级学会）副会长，中国英汉语比较研究会英汉语篇分析专业委员会会长，广东外国语言学学会会长，CSSCI 来源期刊《中国外语》主编；先后担任国内外 30 多家期刊的编委或顾问。2011—2014 年任国际系统功能语言学学会（ISFLA）执行委员会主席。先后在英国爱丁堡大学（应用语言学，1992）和威尔士大学（功能语言学，1996）获得两个博士学位。

2. 作为适用语言学的系统功能语言学

我读了 M. A. K. Halliday 的很多论著，总体体会是：作为普通语言学的系统功能语言学，所注重的是语言的本体问题；作为适用语言学的系统功能语言学，所强调的是要解决与语言有关的问题。

我在 1994 年年初去英国威尔士大学加的夫学院（现加的夫大学）攻读第二个博士学位之前，我的学术研究兴趣是英语语法、语篇分析、狭义的应用语言学和社会语言学。1994 年年初，我到威尔士大学跟随 Robin P. Fawcett 攻读第二个博士学位，从此我专心致志学习和研究系统功能语言学。我在不同场合说过，是 Fawcett 把我领进系统功能语言学研究领域，我在第二个博士学位论文的"致谢"中也明确这样写道："It was the Fawcettian approach to language that attracted me to come to Cardiff to undertake a second PhD." 从 1994 年起，系统功能语言学成为我生活中不可或缺的一个部分，无论我研究什么问题（包括翻译问题、话语分析问题、生态语言学问题），理论支撑都是系统功能语言学。

作为适用语言学的系统功能语言学，它是一个以问题为导向的理论（a problem-oriented theory）（Halliday, 2009: 61），它是为解决问题而设计的。根据我的理解，作为适用语言学，系统功能语言学的目标是解决任何与语言有关的问题。在 Halliday 看来，很多问题都是与语言有关的。Halliday（2010: 18）曾这样说过："I think one of the things we've been trying to do is to say to people: 'Well, look: you've got a problem. Do try to think about it linguistically. The language element in what you're doing may be where the problems have arisen.'" 这里 Halliday 告诉我们，他一直想做的一件事就是对人们说，"好吧，你看：你遇到了问题，一定要试着从语言角度来思考；你所做的事情中的语言因素可能就是问

题产生的地方。"

在系统功能语言学的构建过程中,开始阶段是普通语言学(理论语言学),后来才突出适用语言学。该理论特别强调理论要联系实际。Halliday(如 Halliday,2015:9)认为,理论语言学与应用语言学的联系是密不可分的;就研究出发点而言,是从理论出发,再应用到实践,即遵循"理论—实践—再理论—再实践"的路径。理论与实践关系密切,理论通过实践来检验,但没有理论就没有应用(Halliday,2015:9)。在 Halliday 看来,通过理论的应用,就可以修正和完善理论。系统功能语言学研究者的任务之一就是要构建一个综合的理论框架来帮助人们解决与语言相关的实际问题。

对翻译的研究,首先涉及的就是语言的转换问题,通过语言转换,我们可以考察很多翻译研究者深入研究的问题。从作为适用语言学的系统功能语言学角度来看,研究者的语言观(view of language)会影响到研究的重点和对译文的评估。从功能的角度看,翻译首先是意义的传递,即用 B 语码(译文)把 A 语码(原文)所表达的意义重新呈现出来。持有功能的语言观的研究者首先考虑的是"功能的对等",而不是"形式的对等"。

早在 20 世纪 60 年代,Catford(1965)在《语言学的翻译理论》一书中就用系统功能语言学的早期模型作为理论指导来构建翻译研究模式,后来也有很多系统功能语言学研究者(包括 Halliday,1962/2005,2001,2009/2013;Matthiessen,2001;Steiner & Yallop,2001)把系统功能语言学理论应用于翻译研究中。

Halliday(2008:191 – 192)曾明确指出,描述性研究的一个主要应用是翻译;类型学是关于语言系统的比较语言学,而翻译则是语言实例的比较语言学:一个文本与另一个文本相联系,这就是翻译文本的构造方式。从另一角度解读 Halliday 的话,就是普通语言学研究的是语言的系统,而适用语言学研究的则是语言的使用；翻译的产品就是语言使用的表现，当原文本与译文本联系在一起，这就有了翻译。Halliday（2001：13）还认为，对于语言学家来说，翻译理论是研究事物是怎样的：翻译过程的本质是什么？翻译中文本之间的关系是什么？他明确指出，对于翻译问题，语言学家和翻译学家是有不同的看法和做法的。在我们看来，作为以问题为导向的理论，要解决的是与语言有关的问题，那翻译无疑就是该理论要涉足的领域，这类研究也是为了完善语言学理论；因此，Halliday（2009/2013：105）说，一个理论如果解释不了翻译现象，那这个理论显然是不完整的。

现有研究表明，作为适用语言学的系统功能语言学，是研究翻译问题的一个操作性强、解释力好的理论；根据这个理论，是可以构建一个分析翻译问题的合适框架的。

3. 我的翻译研究之路

从本质上说，我是个英语研究者；翻译研究之于我，就是把语言学理论用于实践的一个表现。那么，我为什么会对翻译研究产生兴趣，或者说为什么会有研究翻译问题的冲动呢？这不得不从我周围的人对我的影响说起。韩愈在《师说》中写道："孔子曰：三人行，则必有我师。是故弟子不必不如师，师不必贤于弟子，闻道有先后，术业有专攻，如是而已。"我想借用韩愈这段话中的三个关键句来谈谈自己的翻译研究之路。

3.1 "三人行，则必有我师"

从孔子的这句话出发，我们可以这样说：我们周围的人的言行举止，必定有值得我们学习的地方；我们选择别人善的品德向他们学习，看到他们不善的地方就作为借鉴，改掉我们自己的缺点；这样我们才会进步。孔子这里主要是谈怎样做人、做事和做君子。

就语言学学术研究而言,我们每个人都"术业有专攻",优势是自己的研究有深度,劣势是大家只热衷于自己的"一亩三分地",不了解别人在做什么,也无法扩大自己的研究领域和开拓新的学术研究领地。就健康的学术共同体构建而言,大家都应该取长补短,探索交叉领域的研究空间,这应该就是目前大家所谈的"新文科"的发展思路。

谈到自己对翻译问题的关注,我必须感谢张美芳教授。记得2000年深秋的一个上午,张美芳(她于1999年从香港浸会大学获得翻译学博士学位)约我到广州晓港公园附近她家乡人开的茶餐厅喝早茶;当时我是中山大学外国语学院的院长,她是英语系系主任,借着喝早茶的机会,她向我描述了翻译研究的广阔天地和发展蓝图,并建议我在外国语学院发展翻译学科;记得她当时越说越激动,使我看到了一个热衷于自己研究事业的中年学者的使命感。那时的我,对翻译研究一无所知,在我的脑海里,从来就没有出现过翻译研究这样的关键词。那次交谈后,我自己一方面阅读关于翻译研究的文献,一方面常常与她和其他一些人一起讨论翻译研究问题,而且总是用系统功能语言学框架去思考问题。再后来,我也有了心得体会,就把研究成果投给《中国翻译》等重要期刊发表,这些论文都是从功能语言学视角研究翻译问题的。

由于张美芳教授的推荐和推动,我招收了当时已经在翻译研究领域有所建树的司显柱教授到中山大学攻读博士学位,也把香港浸会大学的谭载喜教授和张佩瑶教授聘请到中山大学外国语学院担任客座教授,这样才有了后来的龙明慧博士和熊锡源博士;他们两位都是谭载喜教授作为一导(我作为二导)的博士生,并先后获得中山大学授予的博士学位(龙明慧,《翻译原型研究》,2008;熊锡源,《翻译批评的互文本过程研究》,2011)。

通过与周围对翻译研究有热情和研究的学者的接触，我也影响了其他人，最直接的是我在中山大学一共培养了9名研究翻译问题的博士：（1）尚媛媛：《政治演讲词翻译中的转换》，2003；（2）王鹏：《〈哈利·波特〉与其汉语翻译》，2004；（3）李发根：《人际意义与等效翻译》，2005；（4）司显柱：《功能语言学视角的翻译文本质量评估模式研究》，2006；（5）吴国向：《〈论语〉翻译版本的语法复杂性研究》，2013；（6）陈旸：《〈论语〉英译研究的功能语篇分析途径》，2014；（7）陈莹：《〈论语〉英译变异的功能语篇分析》，2014；（8）高生文：《翻译研究的语域视角》，2014；（9）余娟：《功能语篇视角下的〈论语〉英译本之显化研究》，2015。

从2002年以来，我与同事一起策划组织了多次与翻译有关的学术会议：（1）2002/7/24－26：International Conference on Discourse and Translation，中山大学；（2）2013/9/25－28：The First East-West Conference on Translation Studies: Translation History Matters，中山大学；（3）2015/1/16－19：第13届功能语言学与语篇分析高层论坛：翻译研究的功能语言学视角，中山大学；（4）2016/10/9－10：第17届功能语言学与语篇分析高层论坛：生态语言与生态翻译研究，华南农业大学。此外，我还策划和组织了四届《论语》翻译研讨会，带领大家到珠海（2011）、襄阳（2012）、新加坡（2013）和银川（2014）研讨《论语》英译问题。

三人行必有我师，这话千真万确。因为向别人学习，作为教师和学者，我拓宽了自己的学术视野和研究领域，也给其他有志于研究翻译问题的年轻学者提供了机会和帮助；作为一个"社会人"，因为向别人学习，也了解了我原先不懂的事情，学会了做以前不懂做的事。正因为处处有老师，有学术朋友，我才每天都在学习和进步，甚至到了耳顺之年，还敢于转向研究原先一点都不了解的生态语言学,且刚做了几年,就在国内外学界都有点小名气。

3.2 "弟子不必不如师,师不必贤于弟子"

无论在什么时候,老师与学生的关系都不是知识多少和水平高低的关系。在大多数情况下,老师的知识面肯定要比学生广,不然就做不了老师;但在另外的情况下,有些人做了老师,是因为他们有了当老师的环境(平台)。这就是为什么过去这些年出现师兄跟师弟读博士或以前的老师跟以前的学生读博士的情况。

俗语"青出于蓝而胜于蓝"说的是,青从蓝草中提炼出来,但颜色比蓝草更深。人们用这个俗语来比喻弟子超过老师,比喻后人胜过前人。这与"弟子不必不如师,师不必贤于弟子"说的道理基本是一样的:学生不一定(总是)不如老师,老师不一定(什么事都)比学生贤能。一代人有一代人的命运、认知、使命、任务、能力,不同时代的人有不同的贡献;一个社会要健康发展,就要以史为鉴,尊重事实,尊重多元和尊重生命的多样性。

谈到翻译研究的功能语言学途径,我的好多学生(硕士和博士)都做出了可喜的成绩,多位在翻译学界非常活跃,也在圈中得到认可。这里不妨说说司显柱和李发根。

司显柱是我 2003 年在中山大学招收的博士,他毕业后在博士学位论文的基础上整理出版了《功能语言学与翻译研究》(北京大学出版社,2007),我给该书作序时说道:显柱到中山大学读博士时已经是江西财经大学的英语教授。在见到他之前,我已在杂志上读过他的一些论文,其中的《对近二十年中国译学界对翻译单位命题研究的述评》(司显柱,《外语学刊》2001 年第 1 期)给我留下了深刻的印象,因此我们在撰写《从语篇分析角度看翻译单位的确定》(黄国文、张美芳:*Translation Quarterly*,

2003/30:75-93)一文时，还参考了司显柱的这篇文章。在序言中我还说，显柱跟我读书，与其说是"受业"，不如说是"拜门"（"拜师"）。当然，应该说，显柱近20年的翻译研究所采取的功能路径，与我是很有关系的。我对功能语言学的热爱和研究应该是影响到显柱的学术发展的。

说完显柱，再来说说来自江西师范大学的李发根。我在给他的《人际意义与等效翻译》（江西人民出版社，2007）一书作序时写道，在我所招收的几十名博士生中，李发根的年纪是最大的；他长我五岁，比我早一年进大学。发根也是做翻译研究的，他对翻译研究也有自己独到的观点。但是，发根给我的启示是活到老学到老。发根的博士学位论文探讨的是李白的《蜀道难》及其五种英译文的人际意义，他运用 M. A. K. Halliday 的功能语言学理论对语料进行多维、多角度、多层次的分析。他的研究非常深入细致，也反映了发根把生活中的"讲义气"和"重感情"用在对所学的功能语言学理论的执着上。选定一个路径，就会坚定不移地走下去，这就是学术研究的宗教感，难能可贵。

老师与学生的关系，应该是亦师亦友，互相学习，互相帮助，共同进步；老师把学生带进一个学术共同体，让他们在读书期间学会观察周围的人的生活方式，看看圈内的人是怎样做人、做学者和做学问的，这个过程远比最终获得学位要重要得多。经过磨难，学生一定会很快成长的。这样看来，也就不难理解"弟子不必不如师，师不必贤于弟子"了。

3.3 "闻道有先后，术业有专攻"

我是在特殊年代进大学读英语的，当时主要是学习英语的基本技能（听说读写译），没有学到多少关于语言和文学的知识，尤其是理论。对于翻译技巧和关于翻译的知识以及有关翻译的理论，是基本没有涉及的。后来读研究生，学的也是语言学和关于语言教学的应用语言学,对翻译问题是没有接触的。因此,对于翻译研究,"闻道"是很晚的,那是2000年以后的事。

俗话说,三百六十行,行行出状元。不论是哪一行,要成为"状元",首先要做到"术业有专攻"。如果没有问题意识,没有研究的冲动,没有刻苦钻研的精神,没有恒心、毅力和锲而不舍的行动,那就不可能做出成绩。我虽然很晚才看到翻译研究是块广袤的"处女地",但我一踏入这个领域,就一心一意地认真读书和思考,从来不偷懒和走捷径。因此,最终也就"功夫不负有心人"和"天道酬勤"了。

从2000年起,我就开始认真阅读翻译研究文献、考虑翻译问题,培养自己对翻译研究的兴趣,努力拓宽自己的研究领域,探索系统功能语言学与翻译研究的内在联系。这些年,独立发表有关翻译研究的论文28篇,合作发表有关翻译研究的论文7篇,还出版了专著《翻译研究的语言学探索》(上海外语教育出版社,2006)。所撰写的文章多篇发表在《中国翻译》《外语与外语教学》《外语教学与研究》《中国外语》等核心学术刊物上,其中发表在《外语与外语教学》(2002/5)的《功能语言学分析对翻译研究的启示》被中国人民大学书报资料中心编的报刊资料《语言文字学》2002年第8期全文复印转载(这是我独立发表的第一篇翻译方面的文章,要特别感谢当时《外语与外语教学》的主编徐珺教授的支持);独立发表在《中国翻译》的《从〈天净沙·秋思〉的英译文看"形式对等"的重要性》(《中国翻译》2003/2)、《翻译研究的功能语言学途径》(《中国翻译》2004/5)和《语法隐喻在翻译研究中的应用》(《中国翻译》2009/1)的被引数和下载数分别是:231/5142,275/5754,175/4554(2021年7月19日搜索结果)。这可以说明,我的翻译研究还是受到同行的关注和认同的。

我自己独立撰写和与别人一起撰写的有关翻译研究的论文也

发表在境外的出版物上,包括:(1) Huang Guowen: Analyzing the Reporting Clause in Translating Confucius's *Lun Yu* (*The Analects*), in Fang, Y. & J. J. Webster (eds.), *Developing Systemic Functional Linguistics: Theory and Application*. London: Equinox, 2014: 256 – 270; (2) Huang Guowen: Searching for Metafunctional Equivalence in Translated Texts, in J. J. Webster and X. W. Peng (eds.), *Applying Systemic Functional Linguistics in China*. London: Bloomsbury Academic, 2017: 285 – 304; (3) Alexandra Assis Rosa & Huang Guowen: Translation Across Time in East and West Encounters: An Overview. *Journal of World Languages*, 2016/3 – 1: 1 – 4; (4) Xiao Jiayan & Huang Guowen: Translation and Modification: A Case Study of Characters' Names Translation in *The Story of the Stone. Forum*, 2016/14 – 2: 255 – 273。

在翻译研究中,"对等"是个非常重要的概念,但我国的学者熟悉的主要是 Nida 所说的"对等"。我用系统功能语言学的理论作指导,提出翻译研究需要考虑"元功能对等"(Metafunctional Equivalence)的观点,受到学界的关注。王文斌在《关于"十三五"期间的外国语言学及外语教育教学研究》(《外语学刊》2021/2)一文中是这样说的:"黄国文率先运用系统功能语言学理论研究翻译问题,提出'翻译中的元功能对等'概念……其标志性成果是'Searching for Metafunctional Equivalence in Translated Texts'。"

由于对翻译问题研究有了浓厚的兴趣,因此这些年我也参加了一些翻译实践,包括:(1)《系统功能语法:理论之初探》(*Systemic Functional Grammar: A First Step into the Theory*, C. M. I. M. Christian & M. A. K. Halliday 著,黄国文、王红阳译,北京:高等教育出版社,2009);(2)《生态语言学:语言、生态与我们信奉和践行的故事》(*Ecolinguistics: Language, Ecology and the Stories We Live By*，Arran Stibbe 著，陈旸、黄国文、吴学进译，北京：外语教学与研究出版社，2019）；(3)《汉语语言研究（汉译版）》(*Studies in Chinese Language*，M. A. K. Halliday 著，胡壮麟、黄国文、史宝辉等译，北京：北京大学出版社，2007）。

2014 年我还申请了与翻译有关的国家社会科学基金项目"《论语》汉英对比研究的功能语言学方法"（14BYY027）。

2016 年，我与葡萄牙里斯本大学的 Alexandra Assis Rosa 为 *Journal of World Languages*（Special Issue，Vol. 3，2016，1）主编了题为"East and West Encounters: Translation Across Time"的专号。

虽然我进入翻译研究的领域时间不算长，但我的热情、执着和努力也给我带来不少研究成果，这就是"一分耕耘一分收获"。闻道可以有先后，但术业一定要有专攻。

4. 结语

这本《功能路径翻译研究（第一辑）》共收集了 14 篇文章，都是从功能语言学的角度探讨翻译问题。从文章看，这里的"功能"既有狭义的理解，也有广义的诠释。但有一点是共通的，就是都是从意义的角度看待翻译问题，因为翻译就是翻译意义。这些文章反映了这样一个事实，所有的作者都持有"功能的语言观"（a functional view of language），都是把语言的交际功能放在研究的首位。

17 世纪的英国诗人 John Donne 写过一首题为"No Man Is an Island"的诗，诗中说道：没有谁是一座孤岛，每个人都像一块小小的泥土，连接成整个陆地，如果有一块泥土被海水冲刷，欧洲就会失去一角，这如同一座山岬，也如同一座庄园，任何人的死亡都是我的损失，因为我包含在人类这个概念里……从生态的角度看，诗人所说的是，在整个生态系统中，每一个生命体都与其他生命体紧紧联结在一起，它们相互影响，相互作用，一个生命体的出现或消逝就会导致另一个生命体的变化：或出现，或消逝，或变体。在我们的学术共同体中，每个人都在影响着别人，同时也被别人影响着。写到这里，突然非常想念在我成长过程中提携和帮助我的多位师长和挚友，包括已故的许国璋先生、王宗炎先生、我第一个博士学位导师 W. Keith Mitchell 和 M. A. K. Halliday。是因为有了他们的大爱才有我的今天，是 Robin P. Fawcett 和 Halliday 改变了我的学术生命的走向。

翻译研究的功能语言学探索可谓"路漫漫"，因此需要我们加倍努力，"上下求索"，不忘初心，寻找我们心中的那个太阳！2020 年 11 月 6 至 8 日在珠海召开的"功能路径翻译研究学术论坛"意义深远，会议的学术精神将鼓励更多的学者从功能主义的语言思想出发，探讨更多的与翻译有关的学术问题。感谢常晨光教授，感谢司显柱教授，也感谢中山大学国际翻译学院的学生和老同事在研讨会期间给予我的关心。

参考文献

Catford, J. C. *A Linguistic Theory of Translation* [M]. London: Oxford University Press, 1965.

Halliday, M. A. K. Linguistics and Machine Translation [C] // M. A. K. Halliday. *Computational and Quantitative Studies* (ed. By J. J. Webster). London: Continuum, 1962/2005: 20 – 36.

Halliday, M. A. K. *Complementarities in Language* [M]. 北京: 商务印书馆, 2008.

Halliday, M. A. K. Method-techniques-problems [C] //M. A. K. Halliday and J. J. Webster (eds.). *Continuum Companion to Systemic Functional Linguistics*. London: Continuum, 2009: 59 – 86.

Halliday, M. A. K. *Selected Works of M. A. K. Halliday* [M]. 北京：外语教学与研究出版社，2015.

Halliday, M. A. K. Towards a Theory of Good Translation [C] //E. Steiner and C. Yallop (eds.). *Exploring Translation and Multilingual Text Production: Beyond Content*. Berlin: Mouton de Gruyter, 2001: 13 – 18.

Halliday, M. A. K. The Gloosy Ganoderm: Systemic Functional Linguistics and Translation [C] //J. J. Webster (ed.). *Halliday in the 21st Century*. London: Bloomsbury, 2009/2013: 105 – 125.

Halliday, M. A. K., Hu, Zhuanglin & Zhu, Yongsheng. Interviewing Professor M. A. K. Halliday by Hu Zhuanglin and Zhu Yongsheng [J]. 中国外语，2010（6）：17 – 24.

Matthiessen, C. M. I. M. The Environments of Translation [C] // E. Steiner and C. Yallop (eds.). *Exploring Translation and Multilingual Text Production: Beyond Content*. Berlin: Mouton de Gruyter, 2001: 41 – 124.

Steiner, E. & Yallop, C. (eds.). *Exploring Translation and Multilingual Text Production: Beyond Content* [M]. Berlin: Mouton de Gruyter, 2001.

目录

翻译研究的功能路径（代序） ………………… 黄国文 / 1

克里斯蒂安·麦蒂森的翻译理论 ……………………
……………… C. M. I. M. Matthiessen　王博　马园艺 / 1

Grammatical Metaphor in English-Chinese Translation ……
………………………………… Si Xianzhu　Wang Jing / 23

功能途径的国学漫画中投射符际翻译人际意义初探 ………
………………………………………………… 曾蕾 / 55

从言语到图文的功能语境翻译探讨 ………… 曾蕾　于晖 / 73

功能语境理论与翻译 …………………………… 常晨光 / 91

多模态视角下的儿童绘本翻译研究 …………… 陈曦 / 113

《论语》英译本研究的功能语篇分析方法 …… 陈旸 / 135

《长相思》英译文评析：系统功能语言学视角 ……………
……………………………………… 邓仁华　邓晓婷 / 151

唐代咏物生态诗篇《在狱咏蝉》与语类翻译 …… 李发根 / 168

例释翻译研究中的"功能"概念 ……………… 钱宏 / 179

汉语语言学著作英译中的几个问题 …………… 王勇 / 206

翻译研究的功能途径：理论与应用 …………… 张美芳 / 223

国学漫画投射中构图意义的多模态构建 ……… 朱薪羽 / 245

Well 语标功能与翻译环境交互分析 …… 练敏诗　肖好章 / 265

克里斯蒂安·麦蒂森的翻译理论*

C. M. I. M. Matthiessen　王博　马园艺**

摘要：随着系统功能语言学在中国的发展，其适用性，尤其是在翻译领域的适用性受到了越来越多的关注。作为系统功能语言学的领军人物之一，C. M. I. M. Matthiessen 从系统功能语言学角度阐释了翻译的概念，定义了翻译的环境，并描述了译者在环境中所面临的选择。然而，迄今为止，很少有国内学者深入探讨其理论及应用。本文介绍 Matthiessen 的翻译观与翻译的环境理论，并讨论如何从元功能视角进行翻译研究。

关键词：系统功能语言学；翻译；翻译的环境；元功能

---

* 本文主要总结 C. M. I. M. Matthiessen（2001，2014）论文中关于翻译的观点和理论，论文内容与框架经 C. I. M. M. Matthiessen 审核，文字内容由王博和马园艺撰写。本文曾发表于《中国外语》2020 年第 1 期，收入本书时经过了修订。笔者感谢黄国文教授对文章提出的修改意见。

** C. M. I. M. Matthiessen，湖南大学特聘教授，研究方向：系统功能语言学、语言类型学、翻译研究等。

王博，暨南大学翻译学院讲师，研究方向：系统功能语言学、翻译研究、话语分析。

马园艺，广东科学技术职业学院讲师，研究方向：系统功能语言学、翻译研究、话语分析。

1. 引言

从历史上看,最早的系统功能翻译研究可追溯至人类学家 Malinowski(1935)对语言及翻译的论述。Malinowski 提出了语境的概念,指出翻译要在语境中进行。此后,语境思想被 J. R. Firth 及系统功能语言学的创始人 Michael Halliday 接纳,成为系统功能语言学的重要组成部分。

Halliday(1956,1962)曾撰文论述机器翻译,较早提出了从词库中进行选择的理念。另外,Halliday(2009)还强调了翻译在系统功能语言学理论中的地位。他认为,如果自己的语言学理论不能对翻译现象进行解释,那么这个理论就称不上全面。早在 20 世纪 60 年代,Catford(1965)就率先将早期系统功能语言学理论——阶和范畴理论(scale-&-category theory)应用于翻译研究,并从层次(stratification)与级阶(rank)的角度详细讨论了不同种类的翻译对等(equivalence)和位移(shift)。

到 20 世纪 70 年代,德国学者 House(1977)提出了基于系统功能语言学的翻译质量评估模式,其中涵盖了词汇语法、语境、语域(register)、语篇体裁(genre)等多个分析层面。80 年代末与 90 年代初,多位翻译领域的学者肯定了系统功能语言学对翻译研究的指导作用,并进一步将语篇体裁、语域、衔接(cohesion)、连贯(coherence)等概念引入翻译研究(参见 Newmark,1987;Bell,1991;Baker,1992;Hatim & Mason,1990)。

2000 年以来,系统功能翻译研究数量增多,且日趋复杂(Steiner,2005),Matthiessen(2001)及 Matthiessen(2014)是该时期的重要论文。两篇文章中,前者区分了翻译的环境的六个维度,重新定义了翻译对等与翻译位移;后者从元功能(metafunction)视角深入发展了翻译的环境理论,介绍了元功能视角下的翻译对等和翻译位移。然而,迄今为止,我国学者仍较少讨论 Matthiessen 的翻译理论及应用。① 因此，本文将对 Matthiessen 的翻译观、翻译的环境、翻译研究的元功能视角进行评介。

2. Matthiessen 的翻译观

Matthiessen（2001）从系统功能语言学、语言比较及语言类型学的角度看翻译，而并非采取翻译理论家的视角。他强调从语言本身所处的环境及各语言之间的关系研究翻译的意义。他认为，当前翻译研究存在以下问题。首先，翻译理论或翻译科学只涉及人工翻译，而不研究机器翻译；同样，机器翻译也独立于翻译理论或翻译学科以外。其次，翻译研究不涉及跨语言研究，如比较语言学或语言类型学，而比较语言学及语言类型学也不研究翻译。再者，翻译研究较少涉及跨语言交际、多语言文本生成等类别的"翻译"。最后，虽然翻译理论大多独立于语言学理论，但二者可以互相借鉴，互惠互利。Matthiessen 视翻译为语言现象，主张建立多语言研究（multilingual studies）体系，希望能借此加强翻译研究同跨语言研究、比较语言学、比较分析以及语言类型学等相关学科间的联系（Matthiessen, Teruya & Wu, 2008）。

Matthiessen（2001, 2021）尝试将翻译在最完整的环境中语境化。这里的环境包括人类所知的全部科学领域。第一层环境是物理系统，它形成于宇宙大爆炸，从亚原子到整个宇宙无所不包；第二层是生物系统，即物理系统加上"生命"；第三层是社

---

① 在国内学者中，黄国文（2005, 2006）教授曾多次从功能语言学角度探讨翻译问题。他介绍了研究过程中的六个步骤，指明了理论的发展方向，并率先将系统功能语言学理论应用于古诗词英译研究。在近年的一篇论文中，黄国文（2016）举例证明了 Matthiessen（2001）关于翻译对等和翻译位移分别位于连续体两端的论述，并结合《论语》及英译本中的例子为文本的四种意义模式按其重要性排序。

3

会系统,即生物系统(含物理系统)加上"价值";第四层是意义系统,即社会系统(含生物、物理系统)加上"意义"。意义系统是构建意义的系统,它由表达和内容两个层面构成。语言不仅属于意义系统,同时也属于社会系统、生物系统和物理系统。① 翻译和语言一样,首先是意义系统的现象,它发生于社会系统,在生物系统中得到体现,最终在物理系统中显现。因此,翻译研究可以从不同视角展开,翻译研究领域也发生过多次"转向"(turn)。在表1里,我们将翻译与译者置于有序的系统类型(ordered typology of systems)中进行考察,并列举了一些可用于研究翻译与译者的研究方法。

表1 四层系统的属性及组织特征

系统顺序		属性	翻译	译者
非物质的(immaterial)	第四层:意义(semiotic)	+意义	层次化的系统:内容层——表达层	在语境中对意义的重构(recreation)——语篇(话语)分析、对多语言意义潜势的描写	多语言的意义表达者——有声思维报告法(think aloud protocol)(一种关于翻译选择的元话语)

---

① 语言以外的意义系统还有很多,如面部表情、手势、姿势、图形、绘画、图表等。系统功能语言学也研究这些意义系统,并揭示了语言与其他意义系统之间的异同(如 O'Toole, 1994; Kress & van Leeuwen, 1996; Matthiessen, 2007, 2009)。

（续上表）

	系统顺序		属性	翻译	译者
非物质的（immaterial）	第三层：社会（social）	＋价值	角色关系网络的系统	社会行为——（职业）服务——问卷调查、人种志访谈、焦点小组	专业人士——问卷调查、人种志访谈、焦点小组
物质的（material）	第二层：生物（biological）	＋生命	个性化、自我复制、进化、自然选择	首先是神经活动且同感觉系统与运动系统均有联系	生物机体——眼动追踪、击键记录、脑部扫描
	第一层：物理（physical）		服从于"自然法则"、在空间和时间中延伸	（物理）工作环境中的翻译	工作空间环境中的译者

（资料来源：Matthiessen，2021：521）

在四层系统中，翻译位于意义系统内部，而且是意义系统独有的意义过程。翻译有可能发生于意义系统内部的同语言之内（Jakobson 所称的语内翻译）、不同语言系统之间（Jakobson 所称的语际翻译）、意义系统之间（Jakobson 所称的符际翻译）或其他层面的系统之间（参见 Jakobson，1959）。Matthiessen（2001）认为，我们应该将翻译视为将经验理解为意义或转变为意义的过程。通过翻译，在一个语言系统中被理解的经验可以在另一个语言系统中再次被理解。他还强调了语言在翻译中的作用,并且将语言看作唯一的高级意义系统,并指出了语言在符际翻译中的独特地位。

与跨越不同意义系统的符际翻译相比,语际翻译处于相同的意义系统之间,因而更易实现。在语言间进行翻译,译者的任务是对接词汇语法系统和语义系统。即便两种语言的词汇语法系统差异较大(如英语和卡拉姆语①),但只要它们都有词汇语法系统,成功进行翻译的可能性就存在。此外,语境的作用也不容小觑。在进行语际翻译时,源语言和目标语言的语境可能会有很大的差异。

谈及语内翻译,Matthiessen(2001)主要介绍了方言翻译和语域翻译。方言之间的差异并不大,且主要位于语音层面,某种程度上也存在于词汇语法层面,而从语义层面看,方言之间并没有较大的不同之处(见 Halliday,1978)。方言翻译极具发展潜力,David Webber 和 Bill Mann 都曾尝试使用计算机进行盖丘亚语以及其他语种的方言翻译,英国诗歌之父杰弗雷·乔叟(Geoffrey Chaucer)使用中古英语创作的作品也经常被翻译成现代英语。同方言翻译相比,语域翻译的难度则大得多,因为不同语域之间的差异位于语义层面,属于"用不同的方式来表达不同的东西"(Matthiessen,2001:70)。在不同语域间完全进行翻译几乎不可能,就像不可能将气象报告文本完整翻译成八卦闲谈一样。我们只能对不同语域的文本进行部分翻译,例如将书面语文本翻译成口语文本。从语境上看,这种翻译改变了语式

---

① 卡拉姆语是巴布亚新几内亚高原地区使用的语言。Pawley(1987)将英语和卡拉姆语视为地球上差异最大的语言。Matthiessen(2001)认为,在表达一系列的动作行为时,英语多使用经验意义模式,将动作构建为一个小句;卡拉姆语则更多使用逻辑意义模式,将动作构建为多个小句,并将其结合为小句复合体。

（mode），但并未改变语场（field）和语旨（tenor）。

3. 翻译的环境

  Matthiessen（2001）视翻译为语境化的现象，并将翻译对等与翻译位移视为连续体的两极。在定义翻译的环境时，Matthiessen（2001）主要着眼于语际翻译，并且着重分析所有与翻译任务相关的环境。他认为，任何翻译的任务都具有多重语境，我们则需要把这些语境或者环境确定下来。如果要使译文达到最佳效果，我们就需要使翻译的语境最大化。也就是说，翻译的语境越大，引导翻译的信息就越充足。翻译的环境（the environments of translation）越大，两种语言就愈发一致，差异就越小；反之，翻译的环境越小，两种语言的差别就越大。

  语言由多个维度组成，它们是一系列相互关联的连续的系统并且共同确定了翻译的环境。翻译的环境共由六个维度构成，即层次化（stratification）、实例化（instantiation）、级阶（rank）、元功能（metafunction）、精密度（delicacy）和轴（axis）。Matthiessen（2001）从以上六个维度重新定义了翻译对等与翻译位移。下文将对六个维度逐一介绍。

  层次化维度将语言分为不同等级的层次，包括语音、音系、词汇语法和语义四个层次。各层次之间为彼此体现的关系，如语义层由词汇语法层体现，词汇语法层由音系层体现。层次可分为两类：表达层（语音和音系）与内容层（词汇语法和语义）[1]。语境层位于语言外部，处于语义层面之上。从语境到语音，翻译的环境依次减小。语境层面是层次化维度中最大的环境，语音层

---

[1] Halliday（2009：18）认为，依据传统观点，翻译位于表达层与内容层之间。基本的翻译技巧都源自"用不同的表达方式表达相同的内容"。

面则是最小的环境。

翻译的第二个环境是实例化。实例化是一个连续体,它将翻译的目标——实例(文本)——同语域(register)和语言系统(潜势)联系起来。翻译位于实例一端,表现为从原文到译文的映射(mapping)或者改造(transformation)。同时,翻译又与处于实例化连续体中潜势一端的系统密切相关。语域位于连续体上,处于文本和语言系统之间,对翻译至关重要,在机器翻译领域亦称子语言(sub-language)。从语域的角度,翻译包括但不限于文学翻译、科技翻译、商业翻译、法律翻译、圣经翻译等分类,分类越精细,对翻译的帮助就越大。从事翻译实践时,关于语域的信息对译文有着极大的参考价值。信息越多,参考价值越大。有经验的译者通常掌握了较多的实例,并借此指导翻译实践。

翻译的第三个环境是级阶。级阶是按等级高低排列的多个单位,位于上层级阶的单位由下层级阶的单位构成。例如,英语词汇语法层的级阶为小句—词组/短语—词—词素。小句由词组/短语构成,词组/短语由词构成,词又由词素构成。词汇语法层最大的级阶环境是小句,最小的环境是词素。不同语言都包含音系、词汇语法、语义等不同层次,但其层次内部的级阶却未必相同。

翻译的第四个环境是元功能。元功能多年前就已被应用于翻译研究,但并未得到系统发展。系统功能语言学中的元功能指的并非文本在某个语境中的功能,而是每个语言系统最基本的特性,是构建意义的主要基础。任何语言的文本都是三种元功能的结合,即概念功能(包含经验功能和逻辑功能)、人际功能和语篇功能。在译文中同时体现经验和语篇功能通常是译者面临的主要问题,因为原文和译文的对等经常在这两种功能之间产生冲突。译者通常都选择在译文中优先体现经验功能。一方面因为译者普遍认为经验功能比其他功能更重要，另一方面由于译者认为经验功能的对等更能反映译文的准确性。相比之下，语篇功能则常常受到忽视。事实上，语篇功能对于意义的组织、语篇流（flow of discourse）的实现、新旧信息的平衡、文本本身的连贯以及文本同语境的衔接都非常重要。Kim & Matthiessen（2015）曾撰写评述文章，对从语篇意义视角开展的翻译研究予以总结，并对未来研究进行展望。在下一小节，我们将详细讨论元功能在翻译中的应用。

翻译的第五个环境是精密度。精密度连续体从一般延伸到精细。最一般的系统选项构成最大的环境，最精密的系统选项则构成最小的环境。在最大的环境里，原文和译文的差异较小；而随着精密度的增加，原文和译文的差异会逐步增大。精密度在机器翻译研究里亦称"粒度"（granularity）。四十年来，精密度概念始终是系统功能语言学的重要概念，它代表了语言益趋细致的分类。如何在译文中保持与原文一致的精密度也是译者经常遇到的问题。

翻译的第六个环境是轴。轴共分两种：组合轴（syntagmatic axis）和聚合轴（paradigmatic axis）。组合关系代表的是结构，如哪种元素（element）在前，哪种元素在后，哪种元素可以和哪种元素组合。聚合关系代表的是系统，包含了系统中的选项。聚合和组合之间是体现的关系，即聚合关系由组合关系体现。例如，英语语气系统（mood）中的陈述语气（declarative mood）选项由主语（subject）在前、限定成分（finite）在后的组合关系体现，是/非疑问语气（yes/no interrogative mood）选项则由限定成分在前、主语在后的组合关系体现。聚合关系和组合关系位于词汇语法层，它们定义了文本的结构、语法类别及搭配，勾画出了译者所处的语境。① 在聚合与组合关系里，聚合轴是更大的环境，组合轴是更小的环境。任何文本都包含聚合和组合的关系，但由于聚合关系与文本中不存在的、隐藏在文本背后的实例相关，所以翻译的潜势由聚合关系所决定。

翻译的环境使我们可以定义翻译对等和翻译位移。Matthiessen（2001）将翻译对等和翻译位移分别置于连续体的两端。从译文和原文一致性的角度来看，翻译对等代表了原文和译文最一致的情况，翻译位移则体现了原文和译文最不一致的情况。翻译的环境越大，翻译对等的程度越高；反之，翻译的环境越小，翻译位移的程度就越高。Matthiessen（2001）发展了 Catford（1965）从层次化和级阶角度定义的翻译对等和翻译位移，将对等和位移延伸到了系统功能语言学的元功能、实例化、精密度和轴的维度（见 Matthiessen，Wang & Ma，2017a）。此外，翻译位移不会发生在层次和实例化维度，也就是说翻译过程不能从原文的一个层次转移到译文的另一个层次，也不能从文本转移到语域或者语言系统。但是，翻译位移可以发生在其他维度，比如从一个级阶到另一个级阶，或者从一个精密度到另一个精密度。

Matthiessen（2001）还从层次化、级阶和轴的角度对直译和意译做出了解释（见图1）。他认为，翻译的环境越小，采取直译（literal translation）策略的可能性就越大；翻译的环境越大，采取意译（free translation）策略的可能性就越大。一般来说，意译被认为是最有效的翻译方法。如果译者采取意译方法，翻译的环境就有可能最大。如图1所示，在层次化、级阶和轴的维度，最大的环境分别是语境、小句和系统，与之对应的翻译策略趋向于意译；同时，最小的环境分别是音系、词素和结构，相应的翻

---

① Matthiessen 在访谈中强调了聚合关系在系统功能语言学中的意义和价值（见 Matthiessen，Wang，Mwinlaaru & Ma，2018）。

译策略趋向于直译。

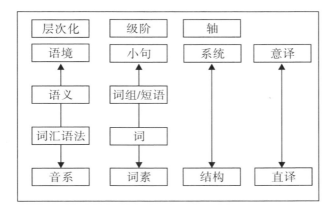

图 1 翻译的环境与翻译的本质
(资料来源:Matthiessen,2001:81)

4. 翻译研究的元功能视角

2014年,Matthiessen 发表了论文《翻译中的选择:元功能视角》(Choice in Translation: Metafunctional Considerations),对"翻译的环境"中的思想进行了拓展,并从元功能视角对翻译对等和翻译位移进行了界定。Matthiessen(2014:272)首先将翻译定义为"在语境中以选择的形式对意义进行重构"①。翻译中的选择既包括译者在解读原文时面临的选择,也包括译者在构造译文时面临的选择。其中的选项均存在于源语及目标语系统的意

---

① 悉尼学派的学者 de Souza(2013)将翻译看作再度实例化(re-instantiation)的过程,并强调语言的使用者对文本的阅读(reading)。Matthiessen 认为,将翻译看作对意义的重构是个更大的概念,其中也包含了再度实例化的研究模式(见 Matthiessen, Wang & Ma, 2017b)。

义潜势（meaning potential）之中。译者的选择可能是自觉做出的，也可能是不自觉的。从层次化的角度看，译者可以意识到语义层面的选择，但可能不会意识到词汇语法层面的选择。译者之间也会存在差异，不同译者从意义潜势中做出的选择都未必相同。在分析同一文本的不同译文时，我们所掌握的不同译文的数量越多，我们就能对目标语言的意义潜势了解更多。同时，我们也会对译者在解读源语文本时面临的选择有所了解。

  Matthiessen（2014）采用系统功能语言学的元功能视角，以不同的意义模式考察翻译。根据 Halliday & Matthiessen（2014），语言的本质与它的功能紧密相连，任何语言都可以反映出概念功能（其中包含逻辑功能与经验功能）、人际功能以及语篇功能这三种元功能。这些元功能是语言的普遍特征，它们共同构成了语义层面。每个元功能都包括多个系统，如概念功能包含及物性系统，人际功能包含语气系统、情态系统，语篇功能包含主位系统、信息系统等。从这个角度看，文本拥有四种意义，即逻辑意义（logical meaning）、经验意义（experiential meaning）、人际意义（interpersonal meaning）及语篇意义（textual meaning）（见图2）。Matthiessen（2014）将文本的意义比喻为光谱中"无色的"白光，元功能分析则如同棱镜。棱镜可以从白光中折射出不同颜色的光。同理，元功能分析可以从文本中揭示不同的意义模式。Matthiessen（1995）延续了 Halliday 制定的原则，采用红色、黄色、绿色和蓝色分别代表人际意义、语篇意义、逻辑意义和经验意义。①

---

  ① 意义模式的概念源自 Firth（1957），但 Firth 指的是层次上的意义，并不是元功能层面的意义。Matthiessen 还特别录制了讲解元功能意义模式的视频，视频链接见 https：//v.youku.com/v_show/id_XMjUwNTEwODU2OA。

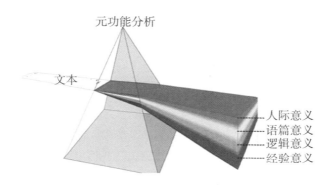

图2 元功能分析显示的不同意义

（资料来源：Matthiessen，2014：277）

在不同的意义层面，译者面临的选择各不相同：在逻辑意义层面，译者首先要选择如何解释源文本中连贯的逻辑语义关系，然后在目标语的语义潜势中做出选择，从而在译文中对逻辑语义关系进行重构。在经验意义层面，译者首先要选择如何将事件解释为结构成分，即过程（processes）、参与者（participants）和环境（circumstances），然后在目标语的语义潜势中做出选择，从而在译文中对经验意义进行重构。在人际意义层面，译者首先选择如何解释原文涉及的命题（proposition）、提议（proposal）及评价（assessment），然后在目标语的语义潜势中做出选择，从而在译文中重新确立原文的人际意义。在语篇意义层面，译者首先要选择如何解释信息以及决定原文信息流动的信息次序，然后在目标语的语义潜势中做出选择，从而在译文中重现原文的语篇意义。

由此可见，翻译是在逻辑、经验、人际及语篇系统中同时进行多种选择的过程，而译文则是多种选择后的产物。以图3为例，在不同的元功能层面，译者可以选择不同方式表达"It's lovely, darling."这一小句。图中的纵向直线代表了概念元功能层面的选项,选项包括"It tastes lovely, darling.""It's becoming lovely, darling."等。斜向直线代表人际功能层面,选项包括"It's lovely darling, isn't it?""It must be lovely, darling."等。横向直线代表语篇功能层面,选项包括"Lovely is what it is, darling.""It's lovely that it is, darling."等。图中备选的译法各不相同,具体内容则由目标语言的意义潜势决定,如"Is it lovely, darling, is it?"仅见于澳大利亚英语。我们可以结合这些选项来考查译者最终选择的译文。同时,译者可能还会在翻译过程之中或完成初稿之后对译文进行修改,这时他很可能会意识到意义潜势中的诸多选项,进而从众多备选中做出选择。

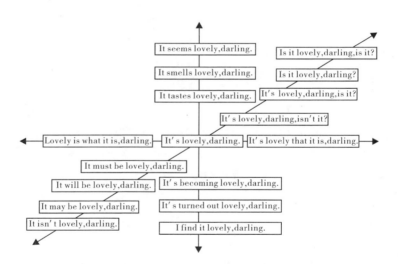

图3 译者在概念、人际及语篇元功能层面的选择

(资料来源:Matthiessen,2014:278)

此外,在从元功能角度考查译者的选择时,需要考虑的还有翻译位移程度的问题。Matthiessen(2014)用图4说明了翻译对等与翻译位移的关系。如前文所述,无论是在解读源文本还是在构造目标文本时,译者都需要从逻辑意义、经验意义、人际意义及语篇意义中做出选择。某个元功能层面的选择可能更接近翻译对等,而另一元功能层面的选择又可能更接近翻译位移。Matthiessen(2014)认为,译者在翻译过程中需要经常对各元功能或意义层面上的选择进行权衡。

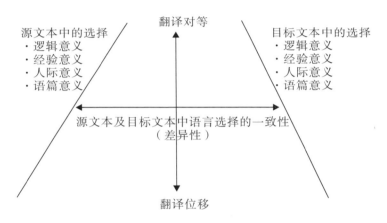

图 4 翻译对等与翻译位移的连续体
(资料来源:Matthiessen,2014:280)

通过比较多语言文本,Matthiessen(2014)发现,翻译位移可以在同一种意义内发生,包括:(1)从语篇意义到语篇意义,如主位的位移(theme shift);(2)从逻辑意义到逻辑意义,如结构关系的位移(tactic shift);(3)从人际意义到人际意义,如语气的位移(mood shift);(4)从经验意义到经验意义,如过程类别的位移(process type shift)。此外,翻译位移也可以从一种意义到另一种意义,如将原文中的衔接次序(cohesive sequence)更改为小句复合体(clause complex)则会导致从语篇意义到逻辑意义的位移,将原文中的小句在译文中更改为短语则会导致从逻辑意义到经验意义的位移。

任何元功能层面的翻译位移理论上都可能发生。王博与马园艺（参见 Wang & Ma，2020；Ma & Wang，2021）通过实证研究分析了不同文本中的翻译位移，并细化了主位、语气、情态（modality）结构关系、逻辑语义关系（logico-semantic type）与过程类别位移的分类。然而，目前并非所有种类的元功能翻译位移都有实例支撑，只有结合人工与自动分析，通过大规模检索由多种语言文本构成的语料库，我们才能最终确定是否所有类别的翻译位移都存在（参见 Matthiessen，Wang & Ma，2017a）。

5. 结论

在系统功能语言学在国内蓬勃发展的今天，作为系统功能语言流派的领军人物之一，Matthiessen 的理论在国内语言学界较少得到介绍。因此，本文重点介绍了 Matthiessen 从系统功能语言学角度对翻译的论述，包括翻译的定义、翻译的类别、现有翻译理论的局限性、翻译的环境以及翻译对等和翻译位移。在翻译的环境中，本文重点讨论如何从元功能视角研究翻译。

基于系统功能翻译研究已取得的成就，Matthiessen 也为该领域的发展提出了规划（参见 Matthiessen，Wang & Ma，2017a，2018）。首先，他肯定了从不同语域的角度进行文本分析的必要性，建议该领域学者开展更多的实证研究，将词汇语法分析同语域分析结合（Matthiessen，2015a，2015b），总结译者在翻译不同类别的文本时做出的选择。例如，Steiner（2004）分析的劳力士手表广告的原文及译文属指示类（enabling）文本，其研究揭示了源语文化与目标语文化中语场、语旨和语式之间的差异，并指出了译者根据语境中的差异对译文做出的改动。同时，Matthiessen 还建议将系统功能语言学指导下的文本分析同研究翻译过程的击键记录、眼动追踪等科技手段结合，从不同视角对翻译现象进行描述（参见 Alves, et al., 2010）。在理论建构方面，Matthiessen 主张采用多语言研究视角，将语言描述、语言比较、语言类型学等探讨多语言问题的不同领域联系起来，为各领域之间架设桥梁，使各领域可以互相吸收成果并相互影响（Matthiessen, Teruya & Wu, 2008）。

系统功能语言学和翻译结合的意义主要有两方面。首先，系统功能语言学是一门全面的语言科学，局部的语言现象可以放在系统中了解，而对局部语言现象的理解也会对整个语言系统的描述作出贡献（Halliday & Matthiessen, 2014）。翻译作为一种语言现象，应该和系统功能语言学以及由系统功能语言学理论支持的其他语言学分支比如跨语言研究（比较语言学、比较分析以及语言类型学）联系起来。其次，翻译研究是系统功能语言学理论最早进行应用的领域之一，是系统功能语言学理论的重要组成部分，值得我们大力探索。我们希望通过本文的介绍，为国内诸多从系统功能语言学角度进行的翻译研究提供理论指导，并为该领域的理论建设提供新的视角，进而促进系统功能语言学理论的蓬勃发展。

参考文献

Alves, F., Pagano, A., Neumann, S., Steiner, E. & Hansen-Schirra, S. Translation Units and Grammatical Shifts: Towards an Integration of Product- and Process-based Research [C]// G. Shreve & E. Angelone (eds.). *Translation and Cognition*. Amsterdam: John Benjamins, 2010: 109 – 142.

Baker, M. *In Other Words: A Coursebook on Translation* [M]. London & New York: Routledge, 1992.

Bell, R. T. *Translation and Translating: Theory and Practice* [M]. London: Longman, 1991.

Catford, J. C. *A Linguistic Theory of Translation* [M]. London: Oxford University Press, 1965.

de Souza, L. M. F. Interlingual Re-instantiation: A New Systemic Functional Perspective on Translation [J]. *Text & Talk*, 2013, 33 (4 -5): 575 -594.

Firth, J. R. Modes of Meaning [C]// *Papers in Linguistics* 1934 - 1951. London: Oxford University Press, 1957: 190 -215.

Halliday, M. A. K. The Linguistic Basis of a Mechanical Thesaurus, and Its Application to English Preposition Classification [J]. *Mechanical Translation*, 1956 (3): 81 -88. Reprinted in J. J. Webster (ed.). *Computational and Quantitative Studies: Collected Works of M. A. K. Halliday Volume* 6. London & New York: Continuum, 2005: 6 -19.

Halliday, M. A. K. Linguistics and Machine Translation [J]. *Zeitschrift für Phonetik, Sprachwissenschaft und Kommunikationsforschung*, 1962 (15): 145 -158. Reprinted in J. J. Webster (ed.) *Computational and Quantitative Studies: Collected Works of M. A. K. Halliday Volume* 6. London & New York: Continuum, 2005: 20 -36.

Halliday, M. A. K. *Language as Social Semiotic: The Social Interpretation of Language and Meaning* [M]. London: Edward Arnold, 1978.

Halliday, M. A. K. The Gloosy Ganoderm: Systemic Functional Linguistics and Translation [J]. *Chinese Translators Journal*, 2009 (1): 17 -26. Reprinted in J. J. Webster (ed.) *Halliday in the 21st Century: Collected Works of M. A. K. Halliday Volume* 11.

London & New York: Bloomsbury, 2013: 105 – 126.

Halliday, M. A. K. & Matthiessen, C. M. I. M. *Halliday's Introduction to Functional Grammar* [M]. London & New York: Routledge, 2014.

Hatim, B. & Mason, I. *Discourse and the Translator* [M]. London: Routledge, 1990.

House, J. *A Model for Translation Quality Assessment* [M]. Tübingen: Gunter Narr, 1977.

Huang, G. [黄国文]. Searching for Metafunctional Equivalence in Translated Texts [C] // J. J. Webster & X. Peng (eds.). *Applying Systemic Functional Linguistics: The State of the Art in China Today*. London & New York: Bloomsbury, 2016: 285 – 306.

Jakobson, R. On Linguistic Aspects of Translation [C] // R. A. Brower (ed.). *On Translation*. Cambridge: Harvard University Press, 1959: 232 – 239.

Kim, M. & Matthiessen, C. M. I. M. Ways to Move Forward in Translation Studies: A Textual Perspective [J]. *Target*, 2015, 27 (3): 335 – 350.

Kress, G. & van Leeuwen, T. *Reading Images: The Grammar of Visual Design* [M]. London: Routledge, 1996.

Ma, Y. & Wang, B. *Translating Tagore's into Chinese: Applying Systemic Functional Linguistics to Chinese Poetry Translation* [M]. Abingdon & New York: Routledge, 2021.

Malinowski, B. *Coral Gardens and Their Magic: Vol. 2* [M]. London: George Allen & Unwin, 1935.

Matthiessen, C. M. I. M. *Lexicogrammatical Cartography: English Systems* [M]. Tokyo: International Language Sciences Publishers, 1995.

Matthiessen, C. M. I. M. The Environments of Translation [C] // E. Steiner & C. Yallop (eds.). *Exploring Translation and Multilin-*

gual Text Production: *Beyond Content*. Berlin: Mouton de Gruyter, 2001: 41 – 124.

Matthiessen, C. M. I. M. The Multimodal Page: A Systemic Functional Exploration [C]//W. Bowcher & T. Royce (eds.). *New Directions in Multimodal Discourse Analysis*. Hillsdale: Erlbaum, 2007: 1 – 62.

Matthiessen, C. M. I. M. Multisemiotic and Context-based Register Typology: Registerial Variation in the Complementarity of Semiotic Systems [C]//E. Ventola & A. J. M. Guijarro (eds.). *The World Told and the World Shown*: *Multisemiotic Issues*. Basingstoke: Palgrave Macmillan, 2009: 11 – 38.

Matthiessen, C. M. I. M. Choice in Translation: Metafunctional Considerations [C]//K. Kunz, E. Teich, S. Hansen-Schirra, S. Neumann & Peggy Daut (eds.). *Caught in the Middle – Language Use and Translation*: *A Festschrift for Erich Steiner on the Occasion of His 60th Birthday*. Saarbrücken: Saarland University Press, 2014: 271 – 333.

Matthiessen, C. M. I. M. Register in the Round: Registerial Cartography [J]. *Functional Linguistics*, 2015a, 2 (9): 1 – 48.

Matthiessen, C. M. I. M. Modelling Context and Register: The Long-term Project of Registerial Cartography [J]. *Letras, Santa Maria*, 2015b, 25 (50): 15 – 90.

Matthiessen, C. M. I. M. Translation, Multilingual Text Production and Cognition Viewed in Terms of Systemic Functional Linguistics [C] //Fabio Alves & Arnt Lykke Jakobsen (eds.), *The Routledge Handbook of Translation and Cognition*. Abingdon & New York: Routledge, 2021: 517 – 544.

Matthiessen, C. M. I. M., Teruya, K. & Wu, C. Multilingual Studies as a Multi-dimensional Space of Interconnected Language Studies

[C]//J. J. Webster (ed.). *Meaning in Context: Implementing Intelligent Applications of Language Studies*. London & New York: Continuum, 2008: 146 – 220.

Matthiessen, C. M. I. M., Wang, B. & Ma, Y. Interview with Christian M. I. M. Matthiessen: On Translation Studies (Part I) [J]. *Linguistics and the Human Sciences*, 2017a, 13 (1 – 2): 201 – 217.

Matthiessen, C. M. I. M., Wang, B. & Ma, Y. Interview with Christian M. I. M. Matthiessen: On Translation Studies (Part II) [J]. *Linguistics and the Human Sciences*, 2017b, 13 (3): 339 – 359.

Matthiessen, C. M. I. M., Wang, B. & Ma, Y. Interview with Christian M. I. M. Matthiessen: On Translation Studies (Part III) [J]. *Linguistics and the Human Sciences*, 2018, 14 (1): 94 – 106.

Matthiessen, C. M. I. M., Wang, B., Mwinlaaru, I. N. & Ma, Y. "The Axial Rethink" – Making Sense of Language: An Interview with Christian M. I. M. Matthiessen [J]. *Functional Linguistics*, 2018, 5 (8): 1 – 19.

Newmark, P. The Use of Systemic Linguistics in Translation Analysis and Criticism [C]//R. Steele & T. Threadgold (eds.). *Language Topics: Essays in Honour of Michael Halliday: Vol. 1*. Amsterdam & Philadelphia: John Benjamins, 1987: 293 – 303.

O'Toole, M. *The Language of Displayed Art* [M]. London: Pinter, 2011.

Pawley, A. Encoding Events in Kalam and English: Different Logics for Reporting Experience [C]//R. S. Tomlin (ed.). *Coherence and Grounding in Discourse*. Amsterdam & Philadelphia: John Benjamins, 1987: 329 – 361.

Steiner, E. *Translated Texts: Properties, Variants, Evaluations* [M]. Frankfurt am Main: Peter Lang, 2004.

Steiner, E. Halliday and Translation Theory: Enhancing the Options,

Broadening the Range, and Keeping the Ground [C]//R. Hasan, C. Matthiessen & J. J. Webster (eds.). *Continuing Discourse on Language: A Functional Perspective: Volume* 1. London: Equinox, 2005: 481 – 500.

Wang, B. & Ma, Y. *Lao She's* Teahouse *and Its Two English Translations: Exploring Chinese Drama Translation with Systemic Functional Linguistics* [M]. Abingdon & New York: Routledge, 2020.

Christian M. I. M. Matthiessen's Theories of Translation

C. M. I. M. Matthiessen, Bo Wang & Yuanyi Ma

Abstract: With the development of Systemic Functional Linguistics (SFL) in China, the appliability of SFL has received more and more attention, especially in the area of translation studies. As one of the leading scholars in SFL, Christian M. I. M. Matthiessen has interpreted the definition of translation in systemic functional terms, defined the environments of translation, and described the choices faced by translators in the environments. However, few serious efforts have been made by scholars in China to explore his theory and its applications. This paper introduces Matthiessen's views on translation and the environments of translation. It also discusses the investigation of translation from the metafunctional perspective.

Key words: Systemic Functional Linguistics, translation, the environments of translation, metafunction

Grammatical Metaphor in English-Chinese Translation*

Si Xianzhu Wang Jing**

Abstract: This paper aims to apply grammatical metaphor (GM) in Systemic Functional Linguistics (SFL) into translation studies. From the concept of functional equivalence in terms of ideational meaning, interpersonal meaning, and textual meaning required of target text (TT) relative to source text (ST) proposed by SFL, it is necessary for the translators to manipulate respectively on the transitivity system, mood system, modality system, and theme system that embody ideational

---

* This paper was published in *International Journal of Translation Interpretation and Applied Linguistics*, 2021, 3 (1): 15 – 29. This research is supported by Beijing Social Science Fund "A Study of Chinese and Foreign Academic Discourse and Its Translation Strategies" (projecet code: 19ZDA13) and Open Access Funding provided by Shandong University (Weihai), China.

** Si Xianzhu, PhD, is a leading professor in translation studies and linguistics in Beijing International Studies University, China. His main research interests cover translation theory, systemic functional linguistics, and language education. He has published widely in the aforementioned domains and related fields, including over 20 monographs, textbooks, academic writings, and more than 110 research articles.

Wang Jing, PhD, assistant professor in Beijing International Studies University, China. Research areas: NLP, Corpus Linguistics.

meaning, interpersonal meaning, and textual meaning. Since the same meaning can be expressed in different grammatical structures, translators, in this process, are faced with a variety of grammatical forms, among which congruent form and metaphorical form are included. To attain the goal of translation prescribed above, the translator has to choose an accurate and appropriate structure. The article then discusses the necessity and effects of GM's application into English to Chinese translation to ensure the quality of the works translated.

Key words: Functional Equivalence, GM, modality system, mood system, systemic Functional Linguistics, theme system, transitivity system, translation

1. Introduction: The Name and Nature of GM

It is well known that in the language there exists a common phenomenon that various grammatical structures can be used to express the same meaning. For instance:

(1) A: *"Have some more wine."* B: *"No, thanks."*
(2) A: *"Why not have some more wine?"* B: *"No, thanks."*

In the two dialogues above, we can see that A invites B to have some more wine. In (1), the semantic function is finished with an imperative sentence while that in (2) with an interrogative structure. According to SFL, the various grammatical structures available to express the same meaning are classified into two types: congruent form and grammatical form, or GM. In other words, there are two modes of realization for a given meaning: the congruent form and the metaphorical form. "For any given semantic configuration there will be some realization in the lexico-grammar—some wording—that can be considered congruent; there may also be various others that are in some respect 'transferred', or metaphorical." (Halliday, 1994: 342)

Then, what are "congruent form" and "metaphorical form"? According to Thompson (1996: 28), the term "congruent" can be informally glossed as "closer to the state of affairs in the external world" and GM can be provisionally defined as "the expression of a meaning through a lexical-grammatical form that originally evolved to express a different kind of meaning". The functional analysis of language structures can be developed from their congruent form and metaphorical form. For example, nouns usually express objects, concepts and things while verbs express action. Grammatically, an interrogative sentence indicates a "question", while a declarative sentence expresses a "statement". When nouns are used to express action, then there appears metaphorical form like nominalization (such as using nouns to express processes). Similarly, when an interrogative sentence is not used for asking a question and demanding answers, the metaphorical form can be seen.

Accordingly, it can be explained that (1) is "congruent form" and (2) is "metaphorical form". In light of function of grammatical structures, an imperative sentence is to indicate offer, demand and invitation, or command and warning while an interrogative sentence is used to ask a question and require an answer. However, in (2), the interrogative sentence is not to ask a question but rather express an invitation, which can be inferred from answer B. Therefore, the function of it is to express "invitation", often indicated by an imperative sentence, though it is an interrogative sentence grammatically. So, (2) is a GM. Comparatively, as an imperative sentence, (1) expresses "invitation" or "offer", which is its basic function, hence it is "congruent form".

It should be pointed out that the terminology "metaphorical form" is not absolute but relative to "congruent form". If there is not congruent form, there will be no metaphorical form. And only if there are two or more grammatical structures available to express the same meaning will we need to distinguish congruent form and metaphorical form.

2. Notion of GM in Translation and the Statue Quo

2.1 GM Re-defined in Translation

Because there are two kinds of patterns between grammatical structure and its semantic function, that is congruent form and metaphorical form. This provides a theoretical basis for the discussion of the realization patterns and communicative effects of translation.

According to SFL, language has three meta-functions: the ideational function, the interpersonal function and the textual function. That is to say, text as instantiation of language use has three kinds of meanings: the ideational meaning, the interpersonal meaning and the textual meaning. Thus Hu et al. (1989: 188 – 189) claims that translational equivalence cannot be achieved purely on the basis of one kind of meaning, i. e. the ideational meaning. Instead, it should be realized on the levels of interpersonal meanings (e. g. the speaker's attitude, motivation, judgment, and role) and textual meanings (e. g. media, channel, and rhetoric devices) as well as on the level of ideational meanings between the original text and the translated text. He suggests that a good translation be equivalent to the original text on all the three types of meanings.

Based upon the above notion of translation, to assess the quality of translation is to examine to what extent the translation is equivalent to the original text with respect to the above three meta-functions (or meanings).

Since these three meta-functions (or meanings) are realized by the transitivity system, the mood system (modality system as well), and the system of thematic structure respectively. Translation quality assessment mainly concentrates on translational equivalence to or deviation from the original text in terms of the ideational, interpersonal and textual meanings. Correspondingly, in the translating, the translator manipulates on the above lexical-grammatical systems in the target language to attain the functional equivalence in target text relative to source text.

In view of the structural differences between English and Chinese and the different cognitive environments of the source text readers and the target text readers, in order to achieve the " functional equivalence", the translator often faces the choice of transplanting or changing the language structure of the source language in the process of manipulation on the above-mentioned language systems. Here, we call the choice of linguistic form in target text different from that in source text as GM in translation. Based on the above working definition, this paper discusses the application and effect of GM in translation from the perspective of the choice of grammatical form in English-Chinese translation, and explores the value of developing the awareness of GM in translation in relation to the translation quality and effects.

2.2 A Sketch of Studies of GM in English-Chinese Translation

Huang (2009) is one of the earliest Chinese scholars that apply the theory of GM to translation studies. He believes that in the process of translating, the translator has to make a choice between the congruent forms or the metaphorical forms against a particular context of situation, which is composed of the communicative purpose, register, contents, and the interpersonal relationship between the participants. The two modes of meaning expression may fulfill quite different communicative functions. Similarly, Deng & Cao (2010) find that the subjectivity of the translator and his cultural identity have a great impact on the choice of the congruent and metaphorical forms in English-Chinese translation. GMs, they argue, can reveal the character's social identity and personal characteristics. Thus they provide the translators with the criteria of choosing linguistic equivalents, which in turn may improve the quality of translation.

Zhu & Zhang (2015) begin with an account of a high-profile political speech event centering on a Chinese slangy expression "[we] bu zheteng" when it was used by the then Chinese President Hu Jintao in a 2008 speech, of which the Chinese government preferred a zero translation despite the existing translations and various choices already available in Chinese-English dictionaries. The paper then discusses from the perspective of GM how and why an innocent-looking pragmatic usage has given rise to a series of ideologically charged debates over its translation.

Zhang Junfeng (2011) in his PhD thesis and his journal article (2012) addresses the issue of implicitness and its translation in diplomatic discourse. Taking the 2001 Hainan Air-Collision Incident as the case corpus, he argues that when a congruent coding is packaged into a GM, it works both as a major implicitness—creating mechanism in the making of diplomatic discourse and a significant translation strategy or method.

Many scholars have also applied the theory of GM to the study of technical translation. Nominalization, among many others, is characteristic of technical texts. It may contribute to the simplification of grammatical structure, the enhancement of lexical density, and the expansion of information capacity.

Yu (2006) and Xu & Wu (2008) both have discussed the working mechanisms and functions of ideational metaphors in technical texts with respect to the transformations of process, functional elements, and lexico-grammar. They believe that ideational metaphors can help to improve the formality, conciseness and objectivity of technical texts. Hence, any translators cannot afford to neglect these significant functions of ideational metaphors in technical translation. Chen (2012) investigates the translation strategies of GM in scientific language, suggesting that the metaphorical forms can be translated at the same or higher ranks, which specifically will be based upon the degree of difficulty. Besides, Yang (2013) discusses the role of nominalization for cohesion in technical English. He points out that the translator should choose the right parts of speech on the basis of the characteristics and idiomaticity of the English and Chinese languages so as to achieve equivalent transformations and coherence.

In sum, it is relatively new to apply the theory of GM to the choice of different expressions in translation, particularly in English-Chinese translation. The notion of GM proves useful for achieving the functional equivalence between the source text and the text translated. However, the past studies have largely tackled the issues at the macro level, lacking detailed in-depth and comprehensive explorations. For example, an all-round inquiry of GM inclusive of all three types of GM (ideational GM, interpersonal GM, and textual GM) in English-Chinese translation is scarcely found out in the literature of the field. More studies need to be done in the application of GM to English-Chinese translation practice.

3. Transitivity (Ideational) Metaphor in English-Chinese Translation

3.1 Transitivity Metaphor

In terms of semantic functions, GMs can be divided into three main types: ideational metaphors, interpersonal metaphors and textual metaphors.

Generally, ideational metaphor includes transitivity metaphor in semantic function and nominalization and verbalization in lexical-grammar.

Halliday has divided transitivity into six processes, namely, material process, mental process, relational process, verbal process, behavioral process, and existential process. Here, transitivity metaphor refers to transfer of varied processes. For instance:

(3) Great changes have taken place in China for the past several decades.

(4) The past several decades have witnessed great changes in China.

Here, the two sentences are expressing the same meaning, "There were great changes that took place in China in the past several decades", but they fall into different grammatical structures. (3) adopted "taken place" that express "action", while (4) used "witnessed" that indicates a "static" meaning. In terms of "closer to the state of affairs in the external world", (3) is closer to the state of affairs in the external world because the meaning of "great changes that took place" is expressed by a material process "take place", a verb that indicates an action. But for (4), it used "witness", a verb that expresses static meaning, to indicate a mental process, altering the great changes in real life into the object of "witness", which is an existential "phenomenon". Therefore, it is fair to say that in expressing the meaning that "There were great changes that took place in China in the past several decades.", (3) can be regarded as a congruent form while (4) a GM. Because the differences of (3) and (4) are achieved by distinct processes in transitivity of ideational metafunction, the GM like (4) can be called transitivity metaphor.

3.2 Transitivity Metaphor in English-Chinese Translation

In the translation of an English sentence or text into Chinese, a translator usually will make three choices: first, choosing a process type, namely, a process from the six ones; second, choosing functional components of transitivity system in line with the process, including participant, sensor, phenomenon; and third, choosing the word class reflecting the function like verbal phrase, noun phrase and adjective phrase. The different choices of processes by a translator inevitably leads to the emergence of GM. To be specific, when a process is congruent in expressing a meaning, it becomes metaphorical when it is transferred into another. But no matter how the process is transferred, the basic meaning the translator wants to express remains the same; in other words, the translator makes choices between relative "equivalents".

Pride and Prejudice by Jane Austen chats the romantic stories of five girls of the Bennet. The comedy of the writing lies in the depiction of manners, education, marriage and money in the British Regency. There are numerous classic dialogues in the story.

Based on the theory of process types, the following two examples are taken from the novel and its translations for the discussion related to GM.

(5) ST: *It is a truth universally acknowledged, that a single man in possession of a good fortune, must be in want of a wife.* (*Pride and Prejudice*, Chapter 1)

TT1: 有钱的单身汉总要娶位太太,这是一条举世公认的真理。(Translated by Sun Zhili) (Austen, 1813/2010)

TT2: 谁都知道,单身汉有了钱,第一件事儿就是娶个媳妇。(Translated by Zhang Xiaoyu) (Austen, 1813/2006)

In this example, TT1 retains the original relational process and mental process respectively, translating "It is a truth universally acknowledged" into "这是一条举世公认的" and "be in want of" into "总要". For TT2, it translates "It is a truth universally acknowledged" into "谁都知道", changing original relational process into mental process, the choice of GM, with the effect of enhancing people's understanding of the truth that "a single man in possession of a good fortunate must be in want of a wife".

(6) ST: *This was invitation enough.* (*Pride and Prejudice*,

Chapter 1）

TT1：这句话足够鼓励她讲下去了。（Translated by Wang Keyi）（Austen, 1813/1980）

TT2：既然他这样回答，她便劲头十足地往下说了。（Translated by Yi Hai）（Austen, 1813/1994）

The original sentence is a relational process. For TT1, "这句话足够鼓励" is a mental process, showing that Mrs. Bennet was inspired by her husband's words to continue to tell him how Netherfield Park was leased in detail. For TT2, "她便劲头十足地往下说" is a verbal process indicating that Mrs. Bennet's desire to continue talking about that Netherfield Park was ignited and further enhanced by what Mr. Bennet said, which is a vivid portrayal of her susceptible character that brings a humorous note to Chinese readers. To attain the ideational equivalence, both translators have changed the process type of ST (relational process), adoption of transitivity grammar.

The following example is from another classic: *Gone with the Wind*, and its translations.

(7) ST: *Now, her emotions were sharpened by her long dreams of him, heightened by the repression she had been forced to put on her tongue.* (*Gone with the Wind*, Chapter 15)

TT1：现在经过两年多的离别，她的情绪因对他的长久的梦想而越发尖锐化了，因一直闷在肚里不能说出口而越发高涨了。（Translated by Fu Donghua）（Mitchell, 1936/1980）

TT2：如今尝过了长年累月的相思滋味，她的感情才真是如火如炽，况且一直强压在心头，不得一吐为快，所以其势越发如火上加油了。（Translated by Shu Xin）（Huang, 2020）

33

In ST, "her emotions were sharpened" and "heightened" are mental processes. TT1 retains the mental process, putting them into "越发尖锐化" and "越发高涨了". For TT2, it turns the processes into relational processes by translating "sharpened" and "heightened" as "真是如火如炽" and "如火上加油", which compares Scarlett's excitement with a burning fire, a vivid evidence of Scarlett's love for Ashley. In this way, TT2 is more precise in expression of the ideational meaning in ST.

In this part, we have analyzed two translated versions of the same original text as far as transitivity (ideational) metaphor is concerned and distinguished congruent form and metaphorical form. From the perspective of ideational equivalence required of TT relative to ST, the choice of congruent form and grammatical structure is a projection of a translator's stance on the construction of meaning. Hence, just as Thompson (1996) said that "More metaphorical words are inherently neither better nor worse than more congruent wordings: they are simply doing different jobs." Nevertheless, to develop the awareness of GM in translation is definitely significant to the attainment of ideational equivalence in TT against ST.

4. Interpersonal Metaphor and Its English-Chinese Translation

4.1 Interpersonal Metaphor: Mood Metaphor and Modality Metaphor

Interpersonal metaphor originated from interpersonal meta-function in systemic functional linguistics, is mainly related to Mood metaphor and Modality metaphor.

According to Halliday, in line with differences of speech roles and exchanges in a communication process, a communication falls into four functions: offer, statement, command and question. Except for "offer" which is not reflected in mood, "statements" are most naturally expressed by declarative clause; "questions" by interrogative clauses; and "commands, requests" by imperative clauses.

Very often, verbal functions are reflected by typical mood. Nonetheless, the relation between verbal function and mood system is very complex rather than simply correspondent, for one verbal function may be expressed by more than one kind of mood. For instance:

(8) *You should come to my office right now.*
(9) *Can you come to my office right now?*
(10) *Come to my office right now.*

Semantically, the three sentences are all to express command, among which (10) is an imperative clause, or a congruent form of command, while (8) and (9) are declarative clause and interrogative clause to express the same meaning. Likewise, one type of mood can express more than one verbal function as declarative clause can indicate question and command in various contexts.

The mood variation, or the transfer of one mood to another, is called mood metaphor, which reflects variation of speech function. Obviously, in mood metaphor, grammar is not fully in line with semantics for one mood can represent two or more speech functions. Metaphor is a reflection of the combination of two verbal functions.

According to Halliday, the meanings of modality include

subjective and objective orientations, in other words, components of modality can express a speaker's subjective attitude or willingness to a proposition or show some possibility or certainty that is objectively existent. Modality orientations fall into four types: explicit subjective, implicit subjective, explicit objective and implicit objective. Distinct modality orientations lead to different forms of modality types. For example:

(11) *I think Mr. Li knows.* (explicit subjective)
(12) *Mr. Li will know.* (implicit subjective)
(13) *It'slikely Mr. Li knows.* (explicit objective)
(14) *Mr. Li probably knows.* (implicit objective)

In general, in an English text, implicit modality orientation is reflected through modal adverb, modal verb or other extensions of predicate while explicit orientation through clause.

4.2 Mood Metaphor in English-Chinese Translation

In translation from English into Chinese, a translator has to manipulate on the forms of mood (congruent or metaphorical form) to supplement interpersonal meaning.

In English, many implied meanings can be expressed indirectly by different moods. In translation, if we adopt the same mood such as translating an English interrogative sentence into a Chinese equivalent one, then although the translation achieves formal equivalence, sometimes the implied meanings of a sentence cannot be expressed explicitly; the readers may not be able to grasp the meaning owing to language and culture differences. Hence, in appropriate context, the adoption of mood metaphor is a satisfactory strategy in translation.

(15) ST: *Jack: Well, Rose. We've walked about a mile around this boat deck and chewed over how great the weather's been and how I grew up, but I reckon that's not why you came to talk to me, is it?* (*Titanic*)

TT1: 杰克：喂，露西，我们绕着这甲板走了快要一英里地了，天气，我的身世，我们也说得差不多了。不过我觉得你找我来不是讲这些的吧？(Translated by *Crazy English*)

TT2: 杰克：噢，露丝。我们绕甲板走了半天了。就谈这些蓝天和大海，还有我的身世，恐怕你找我还有别的事吧？(Translated by *Movie Storm*)

This is an example from the romantic movie *Titanic*. Rose invited Jack for a walk on the deck. Jack told Rose how he grew up, but he knew that this was not what Rose really wanted to know, so he said, "But I reckon that's not why you came to talk to me, is it?" Although it is an interrogative sentence, it is Jack's rhetorical question to ask Rose what she really wanted him here for. TT1 transplants the interrogative sentence of ST. For TT2, it adopts an exclamation sentence; hence, the mood metaphor is adopted. By comparison, we can see that TT2 is more direct in showing Jack's understanding of the situation by stating that he knew he was summoned by Rose here for reasons other than weather and upbringings. Thus, TT2 is more efficient in communicating the character's real intentions to readers and viewers of the movie.

(16) ST:

Rose: Look, I know what you must be thinking! "Poor little rich girl. <u>What does she know about misery</u>?"

Jack: No. No, that was not what I was thinking. What I was thinking was, "What happened to this girl to make her think that she had no way out?" (Titanic)

TT1:

露丝：我知道你在想什么，"这个可怜的富家女，她怎么会知道什么是悲惨。"

杰克：不，不。我没这么想。我想的是"这姑娘到底遇上什么事了，让她觉得无路可退？"(Translated by Crazy English)

TT2:

露丝：听着，我知道你是怎么想的！你这个可怜的阔小姐，身在福中不知福。

杰克：不，不，我没这么想。我是在想，这个姑娘出了什么事？为什么会感到绝望？(Translated by Movie Storm)

This is a conversation between Jack and Rose when they were dating on the deck. Rose thought that Jack judged her for trying to jump into the sea not knowing the real misery in this real world. The underlined sentence is interrogative; by analysis, it can be seen that in this context, "What does she know about misery?" is only an expression of what Rose thought Jack would think of her, thus it demands no answer. Therefore both versions of the translation have changed the mood of ST, adopting mood metaphor of declarative structure, which are more appropriate in delivering Rose's mimicking of Jack's tone of judgment in her imagination.

(17) ST:

Roy: (to Myra) What do dancers eat?

Myra: Oh, dull things mostly. Nutritious yet non fattening.

Roy: Oh, no, not tonight. (to waiter) What could you suggest that would be particularly rich and indigestible? (Waterloo Bridge)

TT1:

罗依:(对玛拉)舞蹈演员吃些什么?

玛拉:啊,大多是些没味的东西。有营养,但脂肪少的。

罗依:啊,不,今晚不这样。(对侍者)你们这里有什么脂肪既丰富而且又特别不好消化的菜吗?(Translated by Liu Mei & Wang Qinxue)(Yang, 1995)

TT2:

罗依:舞蹈演员吃什么?

玛拉:哦,多是些无味的,有营养但不会让人发胖。

罗依:不行,今晚不行。(对侍者)请推荐一种特别油腻、不易消化的食品。(Translated by Shu Yongzhen)(Nanjing Liaohua, n. d.)

This example is from an excerpt of *Waterloo Bridge*, which tells the romantic story between Lieutenant Roy and ballet dancer Myra. They were seated at table. Roy learned that as a ballet dancer, Myra usually ate dull things that were nutritious yet non fattening. To give her some surprise, he decided to invite her to eat something different. The interrogative sentence, "What could you suggest that would be particularly rich and indigestible?" showed that Roy wanted some advice from the waiter. For TT1, it followed the original mood, thus, it is the congruent form. For TT2, it has transferred the interrogative mood into an imperative mood, so mood metaphor is used, indicating an order of Roy to the waiter. At the first glance, the form seems inappropriate for it shows some kind of rudeness to the waiter and the restaurant by ordering rather unhealthy food in a fancy restaurant. On the other hand, the interrogative mood of Roy's question will help the waiter to sense the humorous tone behind Roy's request, and every party involved, the waiter, Myra and Roy, will probably laugh about it and hence Roy's real intention of leaving a good impression on Myra will be realized. Therefore, the use of mood metaphor in TT2 is better in realization of interpersonal equivalence in TT1, with the effects of showing Roy's politeness and humor to the waiter and Myra.

By comparing various translations reflecting characters' words, it is demonstrated that translations do not have to follow exactly the forms of ST so that different moods can be adopted in a flexible way. Appropriate transfer of mood in a clause will enable translation to show the hidden intentions or tones of ST, assisting readers in having a better understanding and grasping of characters of figures in the original text.

4.3 Modality Metaphor in English-Chinese Translation

As a part of the interpersonal metaphor, modality metaphor can be expressed with various forms, including modal verbs, adjectives, adverbs and nouns, etc. For Halliday, the expression of modality function is not restricted to modal verbs; it can also be expressed through nouns, adjectives, adverbs, prepositional phrases and correspondingly different structures like clause (Hu et al., 1989). The meanings of modality are mainly expressed by modal verbs, modal adverbs and extended parts of predicates, but this is not the only method to express the meanings; they can also be expressed by clauses, which is called "modality metaphor" by Halliday. Modality metaphor is manifested in the case that modal meanings that are reflected by modal verbs can also be expressed by other forms in the level of lexico-grammar. For instance:

(18a) *Probably that pudding never will be cooked.*
(18b) *I don't believe that pudding ever will be cooked.*
(19a) *Tom probably doesn't know.*
(19b) *I don't think Tom knows. / In my opinion Tom doesn't know.*

In terms of modality meaning, versions a and b for examples (18) and (19) represent respectively the congruent form (typical realization) and metaphorical form (metaphorical realization), as demonstrated in Table 1.

Table 1　Typical realization and metaphorical realization of English modality

Typical realization	Metaphorical realization
Hopefully, you'll leave.	I hope that you will leave. It is hoped that you will leave.
Gladly, you're leaving.	I'm glad that you are leaving. It is good that you are leaving.
Regrettably, you are leaving.	I regret that you are leaving. It is regrettable that you are leaving.

In both English and Chinese, there are numerous modality metaphors. For metaphors in English, there are always equivalent expressions in Chinese. For example:

(20) *He probably has heard the news.*
他多半已经知道了。

However, this is not always the case. In some circumstances, when English is expressed in congruent form and modality is expressed by mood, there is a need to add modality components in the translation to make explicit of the modality. The added components of modality metaphor are more consistent with style of subjective evaluation implied in the original texts by means of modal verbs. Let us look at the following examples:

(21) ST: "*The world is blinded by his fortune and consequence, or frightened by his high and imposing manners, and sees him only as he chooses to be seen.*"
"*I should take him, even on my slight acquaintance, to be an ill-tempered man.*" (*Pride and Prejudice*, Chapter 16)
TT: "他的有钱有势蒙蔽了天下人的耳目,他那目空一切、盛气凌人的气派又吓坏了天下人,弄得大家只有顺着他的心意去看待他。"
"我虽然跟他并不太熟,可是我认为他是个脾气很坏的人。"
(Translated by Wang Keyi) (Austen, 1813/1980)

Elizabeth was talking with Wickham about Mr. Darcy. Darcy did not leave a good impression on people around him due to his arrogance. Out of curiosity, Elizabeth wanted to know more about Darcy from Mr. Wickham who was an old acquaintance of Darcy. Wickham's slander of Darcy aggravated Elizabeth's bad impression of Darcy. So, she said, "I should take him, even on my slight acquaintance, to be an ill-tempered man." For translation, the subjective metaphor of modality "我认为" was added, which fully reflects Elizabeth's subjective prejudice on Darcy.

(22) ST: *"He seems to be a most conscientious and polite young man, upon my word; and I doubt not will prove a valuable acquaintance, especially if Lady Catherine should be so indulgent as to let him come to us again."* (*Pride and Prejudice*, Chapter 13)

TT: "他倒是个很有良心、很有礼貌的青年, 一定是的; 我相信他一定会成为一个值得器重的朋友, 只要咖苔琳夫人能够开开恩, 让他以后再上我们这儿来, 那就更好了。" (Translated by Wang Keyi) (Austen, 1813/1980)

Mr. Collins was assigned by Lady Catherine as the next entail of Mr. Bennet's house. He wrote a letter to Mr. Bennet, being very polite and even sorry for being the next entail. Mr. Bennet thought that Mr. Collins was "to be a most conscientious and polite young man". The original sentence is expressed in congruent form. In the translation, the translator has adopted metaphorical form of modality by adding "我相信", which indicates Mr. Bennet's good impression on Mr. Collins.

(23) ST: *They were in fact very fine ladies; not deficient in good humour when they were pleased, nor in the power of being agreeable where choose it; but proud and conceited.* (*Pride and Prejudice*, Chapter 4)

TT: 事实上, 她们都是非常好的小姐; 她们并不是不会谈笑风生, 问题是在要碰到她们高兴的时候, 她们也不是不会待人和颜悦色, 问题在于她们是否乐意这样做。可惜的是, 她们一味骄傲自大。(Translated by Wang Keyi) (Austen, 1813/1980)

Jane was so excited that Bingley sent an invitation to her to attend a ball, so she shared her happiness with Elizabeth. Jane thought that Mr. Bingley's family were nice, including his sisters. However, to Elizabeth, they were not. She thought that they were too "proud and conceited". The translator fully understood Elizabeth's negative view on the sisters, so he added "可惜的是". By adding the modality components, the translation has fully reflected Elizabeth's sarcastic comments on Mr. Bingley's sisters.

English is a synthetic language characterized by frequent and systematic use of inflected forms to express grammatical relationships, including various modal verbs used to express mood of characters. However, as an analytic language, moods in Chinese are usually expressed through modal particles, which can express subjective views, orders and requirements in an implicit way. Hence, in the translation of English into Chinese, the appropriate adoption of modal particles can guarantee that modal meanings are expressed in a complete and accurate fashion.

(24) ST: "*Come on, Darcy,*" said he, "*I must have you dance. I hate to see you standing about by yourself in this stupid manner. You had much better dance.*" (*Pride and Prejudice*, Chapter 3)

TT: "来吧，达西，"宾利先生说，"我一定要你跳。我可不愿意看见你一个人傻乎乎地站来站去的。还是去跳吧。" (Translated by Sun Zhili) (Austen, 1813/2010)

Bingley invited many people to the ball in his house and most of the participants were dancing, but Mr. Darcy was an exception. Mr. Darcy was so proud of his knowledge, tastes and wealth that he did not want to dance and even talk to the guests except for Bingley's family whom he had known for a long time. However, Mr. Bingley as a nice host and Mr. Darcy's close friend, hoped that Mr. Darcy could be part of the party, so he said, "You had much better dance." This is a declarative sentence, but it did not mean an order but a suggestion. To reflect this mood, the translator adopted the Chinese imperative sentence whose tone was softened by a modal particle "吧" to show Bingley's hospitability and affection for Darcy.

To sum up, in English-Chinese translation, for the realization of interpersonal equivalence between ST and TT, the major strategies of supplementing modality include transfer of moods and addition of modality components. As for the transfer of mood, translators need to transfer various moods accordingly to make the meaning of a sentence explicit and thorough. In line with implied modality meanings in ST, a translator can reveal related modality meanings by adding mood markers in modality system and adopting modality metaphor.

5. Textual Metaphor and Its English-Chinese Translation

5.1 Textual Metaphor

Textual metaphor derives from textual meta-function in systemic functional linguistics. Textual meta-function refers to how people organize information with language to make it semantically coherent and indicate the relationship between one piece of information and the other. The structures (systems) in realization of textual meta-function include theme structure, information structure and cohesion structure. Textual GM is mainly referred to the embodiment of theme in "theme structure" (Huang, 2009). For theme structure, it involves the theme and rheme system.

According to Halliday, theme is the element which serves as the point of departure of the message; it is that which the clause is concerned. The remainder of the message, the part in which the theme is developed, is called rheme. (Halliday, 1985) Later, he also points out that "The theme is the element which serves as the point of departure of the message. The theme can be identified as that element which come first position in the clause."

Halliday does not include textual metaphor in his survey of GM, but Thompson does in his *Introducing Functional Grammar*. Thompson believes that just as transfer of transitivity reflects ideational metaphor, transfer of theme-rheme structures indicates textual metaphor. He also points out that thematic equative and predicated themes are related to transfer of both grammar and rank, thus regarded as textual GM.

5.2 Textual Metaphor in English-Chinese Translation

Let us look at some examples of the application of textual metaphor in English-Chinese translation.

(25) ST: … (*My holiday afternoons were spent in ramble about the surrounding country.*) I made myself familiar with all its places famous in history or fable. I knew every spot where a murder or robbery has been committed, or a ghost seen. I visited the neighboring villages, and added greatly to my stock of knowledge, by noting their habits and customs, and conversing with their sages and great men… (Washington Irving: *The Author's Account of Himself*)

TT: …… (每逢假日下午,我总到附近乡村去漫游)。有些地方是有神话传说的,我都亲加勘察,把它们摸熟了。什么地方发生过盗案或者凶杀案的,什么地方有过鬼魂出现的,我都知道。邻近各村我常去观光,当地的耆老硕德我总去踵门求教,因此我的智识也大为增加……(Translated by Xia Ji'an)(Yu, 2005)

In terms of theme structure, the original one is developed as "I" → "I" → "I". For translation, in accordance with Chinese textual arrangement, the thematic progression pattern of Chinese discourse is changed to "some places" → "where" → "where" → "nearby villages" → "local old *shuode*", which is quite different from the original text and is a typical textual metaphor. This arrangement, typical of Chinese discourse organization, is in line with the habit of changing topics and putting important information at the end of the sentence and after the text. The translation is thus fluent and fascinating, attaining the effect of functional equivalence in terms of textual meaning.

(26) ST: *There is no more difference, but there is just the same kind of difference, between the mental operations of a man of science and those of an ordinary person as there is between the operations and methods of a baker or a butcher who weights out his goods in common scales and the operations of a chemist who performs a difficult and complex analysis by means of balance and finely graduated weights.*

TT: 科学家的思维活动和普通人的思维活动之间存在着差别,这种差别就跟一个面包师或者卖肉者和一个化验师在操作方法上的差别一样。前者用普通的秤称东西的重量,而后者则用天平和精密砝码进行艰难复杂的分析。其差别不过如此而已。(Si, 2012)

The themes of ST is progressed by the same word "there". For the translation, it adjusts the themes according to the feature of

Chinese, or its parataxis, following "科学家的思维活动和普通人的思维活动","前者" and "其差别". The textual metaphor is adopted in the translation, with the effect of being clear in concept and in organization and easy to understand.

(27) ST: *The water spread out for miles in places in Kenya and Somalia, cutting off villages and forcing herders to crowd with their livestock onto a few patches of dry land.*

TT: 在肯尼亚和索马里的某些地方,河水漫出河床,宽达数英里。洪水切断了村与村之间的联系,迫使牧民们和家畜挤在一起,困缩在一块块狭小的陆地上动弹不得。(Nan, 2013)

There is only one theme "The water" in the original English, which dominates the whole sentence. The rest of the rheme includes "for miles in places in Kenya and Somalia", "cutting off villages and forcing herders to crowd with their livestock onto a few patches of dry land". In translation, according to Chinese custom, some ingredients are extracted from the rheme of the original text, such as "somewhere in Kenya and Somalia". With such arrangement, the structure of the translation is coherent and clear.

(28) ST: *We rounded just such a cape toward sunset, the most easterly point of a continent, dramatically high and lonely, a great purple mountain overhung by a great purple cloud.*

TT: 将近日落时分,我们正好绕过这样一个海角。这海角位于大陆最东端,挺拔兀立,引人注目。这是一座紫红色的大山,笼罩在一片紫红色的云雾中。(Zhang, 2011)

The original text is progressed with the same theme "We". It can be noticed that in the translation, according to the parataxis and topicality of Chinese texts, the thematical progression has been adjusted to "near sunset" → "this cape" → "this" (the latter two themes are borrowed from the narrative of the original text and belong to textual metaphor), which is in line with the habit of Chinese texts, and the information flow appears natural and coherent.

In a word, it can be seen that due to the great differences in the text structure between English and Chinese, in order to achieve the functional equivalence of the target text to the source text, the translator often needs to modify the thematic structure or mode of the original text from the organizational characteristics of the target language, so that the target text can not only express the meaning of the original text, but also be coherent and natural.

6. Conclusion

From the perspective of SFL's exposition on the translation, the essence of translation and the judgment of translation quality are whether the translation is functionally equivalent to the original in terms of ideational, interpersonal and textual meanings.

To achieve the above equivalence of the translation to the source text, from the perspective of linguistic form in realization to meaning, it is necessary to manipulate on the transitivity system, mood system, modality system, theme system and other lexical and grammatical systems that embody ideational meaning, interpersonal meaning and textual meaning.

In this process, as there are many expressions for the same

meaning in the language, i. e. congruent and metaphorical, from the point of view that form is meaning, in order to express the above three meanings accurately, language users must be very careful about the selection of expressions and not at will, otherwise the meaning is beyond the words.

As for English-Chinese translation, due to the huge differences between the two languages and the different cognitive environments between the source text and the target readers, in order to achieve the above three functional equivalence, the translator is often faced with transplanting or changing the language structure of the source text in the process of manipulating on the grammar systems which embody the ideational meaning, interpersonal meaning and textual meaning.

This paper refers to the choice of language form different from the original in translating as GM in translation. Based on the analysis of English-Chinese translation examples, the article has explored the relationship between the choice of structural form of translation and the realization of "functional equivalence" in translation, analyzed the application and effects of GM in translation, and discussed the value of establishing the awareness of GM in improving the quality of translation.

References

Austen, J. *Pride and Prejudice* [M]. Zhang, X. Y. (Trans.) Haikou: Nanhai Publishing House, 2006(Original work published 1813.)

Austen, J. *Pride and Prejudice* [M]. Sun, Z. L. (Trans.) Nanjing: Yilin Press, 2010. (Original work published 1813.)

Austen, J. Pride and Prejudice [M]. Yi, H. (Trans.) Fuzhou: Straits

Literature and Art Publishing House, 1994. (Original work published 1813.)

Austen, J. *Pride and Prejudice* [M]. Zhang, J. H. (Trans.) Changsha: Hunan Literature and Art Publishing House, 1996. (Original work published 1813)

Austen, J. *Pride and Prejudice* [M]. Wang, K. Y. (Trans.) Shanghai: Shanghai Translation Publishing House, 1980. (Original work published 1813.)

Bacon, F. *The Essays of Francis Bacon* [M]. Zhang, Y. (Trans.) Shanghai: Shanghai People's Publishing House, 2002.

Bronte, C. *Jane Eyre* [M]. Zhu, Q. Y. (Trans.) Shanghai: Shanghai Translation Publishing House, 1994c. (Original work published 1982)

Bronte, C. *Jane Eyre* [M]. Li, J. Y. (Trans.) Taiyuan: Shanxi People's Publishing House, 1994b. (Original work published 1982.)

Bronte, C. *Jane Eyre* [M]. Huang, Y. (Trans.) Nanjing: Yilin Press, 1994a. (Original work published 1982.)

Chen, Q. *Kexu Yuyan Yinyushi de Goujian Jiqi Fanyi Celue* [The metaphorical construction in scientific language and its translation strategies] [J]. *Foreign Language Education*, 2012(5): 106 – 110.

Deng, Y. R. & Cao, Z. X. *Yinghan Huyi Zhong de Yizhishi yu Yinyushi* [Translation as Production: Congruent and Metaphorical Forms] [J]. *Foreign Language Research*, 2010(6): 114 – 116.

Fang, X. *Yuedu yu Lijie: Luosu Lun Zhongguoren de Xingge* (1) [Reading and Comprehension: The Chinese Character by Bertrand Russell (1)] [EB/OL]. n. d. Retrieved from http://fangxia.blog.bokee.net/bloggermodule/blogjiewblog.do?id =7292558

Halliday, M. A. K. *An Introduction to Functional Grammar* [M]. 2nd ed. London: Arnold, 1994.

Hu, Z. L., Zhu, Y. S., & Zhang, D. L. *Xitong Gongneng Yufa Gailun* [Introduction to Systemic – Functional Grammar] [M]. Changsha: Hunan Education Press, 1989.

Hu, Z. L. *Gongneng Zhuyi Zongheng Tan* [A Horizontal Discussion of Functionalism] [M]. Beijing: Foreign Language Teaching and Research Press, 2000.

Huang, G. W. *Yufa Yinyu zai Fanyi Yanjiu Zhong de Yingyong* [The Analysis of Grammatical Metaphor in Translation Studies] [J]. *Chinese Translators Journal*, 2009(1), 5 – 9.

Huang, Z. Translation Comparison of *Gone with the Wind* [EB/OL]. n. d. Retrieved from https://wenku.baidu.com/view/58989c2f7c21af45b307e87101f69e314232fa76.html.

Ling, J. C. *Shilun Wenxue Fanyi Zhong De Fengge Zaixian: Ping Peigen Lun Dushu Zhong De Liangge Zhongyiben* [Discussion on Style Reproduction in Literature Translation: Comment on Two Different Translation of Bacon's "Of Studies"] [J]. *Journal of Mudanjiang University*, 2007(12): 93.

Mitchell, M. *Gone with the Wind* [M]. Fu, D. H. (Trans.) Hangzhou: Zhejiang People's Publishing House, 1980. (Original work published 1936)

Mitchell, M. *Gone with the Wind* [M]. Huang, H. R. & Zhu, Y. R. (Trans.) Hangzhou: Zhejiang Literature and Art Publishing House, 1991. (Original work published 1936)

Mitchell, M. *Gone with the Wind* [M]. Dai, K. & Li, Y. G. Trans. Beijing: Foreign Literature Publishing House, 1990. (Original work published 1936)

Mitchell, M. *Gone with the Wind* [M]. Wang, H. J. & Wang, H. L.

Trans. Kuitun: Yili People's Publishing House, 2001. (Original work published 1936)

Mitchell, M. *Gone with the Wind*[M]. Li, M. H. (Trans.) Nanjing: Yilin Press, 2017. (Original work published 1936)

Nan, Y. *Shilun Zhuwei Tuijin Moshi yu Yinghan Yupian Fanyi* [Discussion on Thematic Progression and E-C Text Translation] [J]. Shanxi Nongye Daxue Xuebao[Journal of Shanxi Agriculturel University], 2013(4), 347.

Nanjing Liaohua. Practice of English-Chinese Translation [EB/OL]. n. d. Retrieved from http://www. wodefanwen. com/lhd7jenn7991m4qfr 016rqr5. html

Si, X. Z. *Yingyihan Jiaocheng Xinbian* [A Textbook of Translation from English into Chinese] [M] Shanghai: Donghua University Press, 2012.

Thompson, G. *Introducing Functional Grammar* [M]. London: Arnold, 1996.

Xia, J. A. *Mingjia Sanwen Xuandu (Dierjuan, Yinghan Duizhao Ben)* [Selected Readings of Famous Prose (Volume 2)]. Hong Kong: World Today Publishing House, 1979.

Xu, W. & Wu, L. J. *Gainian Yinyu Shijiao Xia De Keji Wenben Fanyi* [Sci-Tech Translation from the Perspective of Ideational Metaphor] [J]. *Shanghai Journal of Translators*, 2008(1): 38 −41.

Yang, L. *Keji Yingyu Mingwuhua de Yupian Xianjie Gongneng yu Fanyi* [Discourse Cohesion and Translation of Nominalization Structures in Technical English][J]. *Chinese Science & Technology Translators Journal*, 2013(1): 1 −3.

Yang, S. *Waterloo Bridge*[M]. Liu, M. & Wang, Q. (Trans.) Beijing: Tsinghua University Press, 1995.

Yang, W. F. *Zhuwei Tuijin yu Yupian Lianguan* [Thematic Progression and Textual Coherence][J]. *Journal of Xi'an International Studies University*, 2014(4), 7 – 10.

Yu, J. P. *Gainian Yinyu: Shixian Keji Yingyu Yupian Yuti Tezheng de Youxiao Tujing* [Conceptual Metaphor: An Effective Way to Realize the Stylistic Features in Technical English][J]. *Chinese Science & Technology Translators Journal*, 2006(2): 40 – 43.

Yu, Y. G. *Ying Mei Mingzhu Fanyi Bijiao* [Translation Comparison between English and American Classics][M]. Wuhan: Hubei Education Publishing House, 2005.

Zhang, J. From Interpersonal to International: Two Types of Translation in the Making of Implicitness in Diplomatic Discourse [J]. *Perspectives: Studies in Translatology*, 2012, 22(1), 75 – 95.

Zhang, J. F. The Implicitness Constructed and Translated in Diplomatic Discourse: A Perspective from Grammatical Metaphor [J]. *The Interpreter and Translator Trainer*, 2014, 8(1): 147 – 147.

Zhang, J. *The Implicitness Constructed and Translated in Diplomatic Discourse: A Perspective from Grammatical Metaphor* [D]. Hong Kong: City University of Hong Kong, 2011.

Zhang, W. R. *Jiyu Zhuwei Jieggou Lilun de Yinghan Fanyi Yanjiu* [Translation Between English and Chinese Based on Thematic Structure Theory][J]. *Journal of Nanchang College of Education*, 2011(7): 178.

Zhu, C. S. & Zhang, J. F. Dancing with Ideology: Grammatical Metaphor and Identity Presentation in Translation[J]. *Meta Journal Des Traducteurs*, 2015, 60(3): 387 – 405.

功能途径的国学漫画中投射符际翻译人际意义初探*
——以《漫画儒家思想》"三十而立"画页为例

曾蕾

摘要：本文主要以功能途径的翻译思想为指导，依据与系统功能语言学和视觉语法相关的人际意义分析方法，通过分析国学经典《漫画儒家思想》语篇中的"三十而立"画页中的投射符际翻译，解析投射符际翻译人际功能实现的语法语义机制，尝试性地为符际翻译人际意义投射分析模式及其评估提供参数化的分析方法与模式。

关键词：符际翻译 人际意义 投射 国学漫画

1. 引言

随着系统功能语言学途径翻译研究的发展（黄国文，2004，2015；张美芳，2018；司显柱，2016），该领域中有关《论语》

---

* 本论文为广东省哲学社会科学"十三五"规划项目"国学经典漫画的投射再符号化构建研究"（编号为 GD18CWW06）的阶段性成果。

曾蕾（1963— ），女，湖南新化人，中山大学国际翻译学院教授，博士生导师。

投射语言现象（简称投射）的翻译探讨也受到了关注，但大多研究对象是文字语言符号资源，涉及语内、语际翻译（黄国文，2002；曾蕾，2016，2019；曾蕾、胡红辉，2015），对投射符际翻译的研究比较缺乏。符际翻译主要指文字到图像的翻译（Jakobson，1959）。在多模态话语分析理论发展中，学者们注意到了视觉符号资源投射意义实现方式（曾蕾、杨慕文，2019；曾蕾、朱薪羽，2020）。目前，涉及言语/思维实现的多模态投射及其逻辑语义关系解释各类语篇中图像模态的讨论大多是分析图文的表意资源（Kress & van Leeuwen，1996，2006；Halliday & Matthiessen，2004/2008；Martinec & Salway，2005；Painter, Martin & Unsworth，2013；杨信彰，2012），缺少对言语翻译到图像的语法机制探讨，即相关符际翻译的研究并不多见。另外，图像语篇中的投射人际意义分析模式也并未引起关注。因此，本文基于系统功能语言学的投射分析模式和功能语言学途径的翻译观，以《漫画儒家思想》中的"三十而立"画页漫画为分析图例，探讨国学经典漫画中投射的人际意义符际翻译语法机制，旨在指出国学经典漫画投射人际意义改编模式，以期对漫画投射人际意义评估模式提供参考思路。

2. 理论依据

本研究主要依据的理论是系统功能语言学途径的翻译观和人际意义投射分析模式、态度评价系统、视觉语法的互动意义分析方法。

功能途径的翻译观依据用功能语言学的分析框架构建的翻译分析模式（Catford，1965；Baker，1992；House，1977；Halliday，2009；黄国文，2006）。根据系统功能语言学途径的翻译观，翻译过程在本质上是一种语言交际活动，翻译上的对等不是单纯语言形式上的对等，而是语境意义上的对等，也就是语言在语境中的功能对等（Halliday，1964）。这种翻译思想同样也适用于符际翻译的对等分析与评估。近年来的相关研究用功能语言学为符际翻译建立了相关分析模式（O'Halloran et al.，2016）。

投射人际功能分析框架主要依据语气系统，语气系统用于表达语言的言语功能，即陈述、提问、提供和命令，包括直陈语气、感叹语气、疑问语气和祈使语气（Halliday，1994；Halliday & Matthiessen，2004）。语气由主语和限定成分构成，实现小句的交换功能，是言语者之间实现人际意义的重要手段，如可表达对自己言语所描述事件持有的主观态度。在投射语言中，与语气系统直接关联的是投射信号，投射信号是投射结构的投射部分（另外一部分是被投射部分，即投射信息）。投射信号代表所有的投射结构，也就是说，投射信号或是一个小句复合体投射中的投射小句，或是一个情态状语等；投射信号与语气系统有着不可分割的联系。各种投射信号可在不同程度上反映出言语者对投射信息的态度，语气系统及其情态系统可以揭示出言语者怎样利用各种投射信号来标记对投射信息的态度。可见，投射信号的人际意义可以实现不同程度的情态意义。投射结构的另外一部分——投射信息代表所有被投射的信息结构：投射信息可以是被投射小句或是一个被嵌入的述说或观点，或其他结构。对投射信息的人际意义分析主要是依据投射类型的言语功能，是在"命题"（信息的交流）和"提议"（服务的交流）两大子系统内展开的。最常见的投射的言语功能是以陈述的方式体现的"命题"（曾蕾、梁红艳，2019）。

另外，本文的人际意义分析还包括了评价意义的分析。Martin 等在 Halliday 人际功能论述的基础上建立了评价系统，把评价系统分为态度、级差和介入三大子系统，并通过对三大子系统的进一步细分，建立起一个比较完备的评价资源网络（Martin & White，2005）。投射语言的评价视角研究较少，本研究将态度评价这一部分纳入讨论范围。

漫画投射人际意义分析一方面依据了投射语言的人际功能分析框架，另一方面也依据了视觉语法的互动意义分析方法（Kress & van Leeuwen, 2006）。视觉语法中的人际意义体现在各参与者的互动关系中。参与者可分为再现参与者和互动参与者，前者涉及图像中交流的主题，如人、地点、事物（包括抽象事物），后者指参与交流行为的人，如参与听说读写、制作或审查图像行为的人。由于希望得到漫画读者对漫画语篇内容真实性的认可程度，漫画作者在构建自己的作品时，会通过接触、互动距离、视角和情态实现漫画作者构建图像人物与读者之间的相关社会关系。在对图像各种功能成分构建时，除了实现主题概念意义，同时也构建每个符号的态度意义资源，引导和实现读者对主题内容的评价功能（van Leeuwen & Jewitt, 2001；李战子，2003；Painter et al., 2013）。互动意义分析的第一个要素"接触"，指再现参与者与互动参与者通过目光接触建立关系。如目光直视，就实现了"索取"意义；如目光并未直视读者或其他再现者，则实现了"提供"意义。"互动距离"构建的人际意义关系指的是图像再现参与者和读者之间的远近亲疏关系，主要是通过取景框架大小得到体现。图像中再现参与者和读者之间的关系越亲密，那么图像人物取景的框架越小、取景距离越近。"视角"人际意义的实现方式是通过水平或垂直视角来实现的，可揭示出图像互动参与者对图像再现参与者的主客观态度。图像的"情态"意义实现方式主要是从情态取向、情态标记、情态值和情态编码四个方面来讨论图像反映现实的真实度等级。图像越接近现实，情态就越高；反之，情态越低。但这种真实度等级却要依据不同类型体裁来区分，视觉语法提出了四种类型的编码取向：倾向于无色彩的技术编码取向、有色彩倾向的感官编码取向、不注重色彩的抽象编码取向和倾向于常识性的自然主义编码取向（Kress & van Leeuwen, 2006）。限于篇幅，本文主要从接触、互动距离、视角、情态编码以及态度评价等层面进行讨论。

3. 漫画语篇中的投射符际翻译的人际意义探讨

本节将首先讨论人际意义投射符际翻译分析模式，然后依据该模式，对"三十而立"画页的投射符际翻译的人际意义实现方式进行具体分析，探讨功能语言学途径的投射人际意义符际翻译的分析模式。

3.1 投射符际翻译人际意义分析模式

上文已提到，在文字语篇中一个完整投射结构由投射信号和投射信息构成，二者构成投射的基本成分。在图像中，投射结构的基本功能成分是投射主体、投射泡和投射信息（曾蕾、杨慕文，2019）。依据功能语法的人际意义投射分析模式、视觉语法的互动意义模式和评价态度系统，本研究尝试性地构建了人际意义投射符际翻译分析模式，如图1所示。

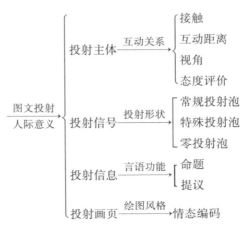

图1 投射符际翻译人际意义分析模式

从图 1 可以看出，漫画的人际意义主要从投射主体与其他参与者的互动关系中揭示出来，涉及投射主体的接触、互动距离、视角（Kress & van Leeuwen, 2006）、态度评价资源。可以分析图像角色间的互动关系、图像角色与读者间的互动关系、图像制作者与读者的互动关系。投射信号主要为投射泡，其形状可以标记吸引观众的程度。投射泡可显性标记投射信息，与文字语篇中投射动词和引号相似；此外，还可标记投射主体抒发的内在情感。当投射泡由波浪状、星状、心状、锯齿状等形状构建时，其功能相似于投射动词，实现了言语/心理过程的投射类型，同时，也可实现言语者、感知者的虚弱、悚然、喊叫、喜爱、惊恐、愤怒、沮丧等情感意义。投射泡有时是隐性状态，但可从投射原文和上下文语境推断，此类形式在本文称为零投射泡。投射主体和（或）投射泡（显性或隐性）可共同实现对投射信息的主客观态度意义。投射信息的人际意义主要体现在言语功能的命题或提议选择。

3.2 实例分析："三十而立"画页投射符际翻译的人际意义解析

下面的实例分析对象我们选择了《论语·为政》第二篇第四章，为语录体投射语段，本文简称该投射语段为"三十而立"。漫画"三十而立"画页（见图 2）选自蔡志忠编绘的《漫画儒家思想》（上册）第 57 页。在《漫画儒家思想》中，蔡志忠用漫画的形式再现《大学》《中庸》《论语》《孟子》等经典著作中的儒家思想。该套漫画分为上下两册，上册由《孔子说》《论语》两本书构成，前者主要介绍孔子的生平及孔子的部分言论，旨在为漫画读者解读儒家思想提供相关背景信息；后者主要介绍孔子的儒家思想，包括政治主张、伦理思想、道德观念及教育原则等。

在分析该例图之前，要说明的是，投射主体和投射信息的人际意义关系是互动关系,这也是基本的前提,就如不熟悉投射信息的来源,就无法知道其投射类型。如果只分析投射主体,不对照投射信息,只能体现毫无意义的图像个体,其投射人际意义是无法揭示出来的。因此,下面的分析虽然主要针对投射主体,但都以投射信息为依托。投射主体的图像特征表达了对投射信息所持有的各种人际和评价态度。漫画中的各投射功能成分相互补充、相互协同,共同实现其人际意义。

图2 "三十而立"画页

从图 2 可以看出，原文和漫画中的投射言语功能几乎一致。原文投射语段是由陈述语气实现的命题：

子曰："吾十有五而志于学；三十而立；四十而不惑；五十而知天命；六十而耳顺；七十而从心所欲，不逾矩。"

该投射语段的命题在漫画符际翻译中由一个画页的 7 个画格呈现出来，语气也是陈述语气。第 1 个画格（本文称画格 0，见表 1）为主题画格，原文的投射结构在此画格得到了较为完整的再现。投射信息嵌入投射泡中，投射信号为投射主体孔子和投射泡构成的矢量。虽然后面 6 个画格语内翻译实现的投射信息未被显性投射泡嵌入，但漫画读者可以根据主题画格推测出隐性投射泡（本文称为零投射泡，见图 1）。在图文投射中，陈述语气不仅表现在画格中的投射信息小句中，也表现在提供类的投射主体的视觉互动表征中。如表 1 所示，图 2 画页中作为投射主体的孔子与互动参与者之间并无视线交流，因此投射主体与图像观看者之间的视觉互动关系为提供。例如，在画格 3 中，投射主体孔子的视觉互动状态为 [－接触]，即投射主体既没有和画格内的其他再现参与者之间有眼神接触，也没有和互动参与者（读者）有眼神接触。在这个画格中，投射主体孔子面部朝上、双目微闭，展现出内心豁达、怡然自得的智者形象。而在画格 1 中，虽然投射的视觉互动是 [＋接触]，但其视线指向为画格内部的参与者（书卷），并不存在与读者之间的眼神接触。在该画格中，投射主体孔子侧面读者，其视线指向手中的书卷，呈现出少年孔子"志于学"的勤勉形象。由此可见，投射主体孔子与漫画读者的关系主要是提供信息和接受信息。

表1　"三十而立"中投射的言语功能

画格	投射主体视觉互动	视线指向	言语功能
画格0	［－接触］	无	提供
画格1	［＋接触］	［再现参与者］（书本）	提供
画格2	［＋接触］	［再现参与者］（书本）	提供
画格3	［－接触］	无	提供
画格4	［＋接触］	［再现参与者］（飞鸟）	提供
画格5	［＋接触］	［再现参与者］（人）	提供
画格6	［－接触］	无	提供

图2漫画中投射主体多取中远景距离，即其与漫画读者的互动距离相对较远且多为社会距离，包括社会中等距离（画格1、2、5、6）和社会远距离（画格4），前者呈现了投射主体的完整身形，后者展现了整个身形和围绕身形的空间。例如，画格2属于社会中等距离，其取景将投射主体从头到脚的整个身型都展现出来。在这个画格中，孔子距离读者相对较远，因此读者可以完整地看到青年孔子的身型全貌，包括发型、所穿服装样式和姿势等。在该画页的大多数画格中，作者都采用这种社会中等距离的取景模式。而画格3和画格4的取景相较其他大部分画格有明显的偏离。画格3的互动距离是整个画页的最小值，它所展现的是个人远距离。在画格3中，镜头取景只展现出投射主体孔子腰部以上的部分，因此投射主体孔子与读者的距离比起其他画格相对较近。读者可以清晰地观察孔子的面部表情、情绪编码和衣服饰品上的花纹。而与之相对，画格4的互动距离是整个画页的最大值，投射主体孔子的身型只占据了画格的四分之一。不仅是孔子的身型，包括孔子所处的整个空间和远处的背景都详细地呈现出来。这种投射主体互动距离一近一远的对比，突显了漫画投射的

人际意义，即与投射信息相关联的人物内心的变化。画格3所展现的是孔子"四十而不惑"的状态，即对人世间事物的了解和掌控能力，因而用较近的互动距离来突显其社会属性；而画格4则展现出"五十而知天命"，即对人与自然、宇宙万物发展规律的通晓，因此用较远的社会距离来突显其自然属性。这种对比强化与揭示了人物的成长过程、与社会和自然的关系，以及人物内在心境的变化，突显了对投射信息的人际意义表现方式（见图3）。

图3　漫画中的人际意义互动距离

从视角来分析主客观态度，可以发现，国学漫画中的图像水平视角几乎都是偏斜视角。在图2的7个画格中，投射主体只展示出其侧面的形象，故读者只能看到投射主体孔子的半边脸和侧身。读者被放在了一个旁观者的立场，以相对客观的态度去阅读这则漫画。也就是说，相比起角色直视读者的图像，读者不易将自己代入故事，而是站在一种超脱于漫画的客观立场上。在这种斜视的视角中，读者并没有介入到图像人物的世界里，表现的是一种分离意义。从垂直视角看，漫画读者与漫画中的图像大多是平视的，展示了再现参与者和互动参与者的平等性。但有时图像里的人物彼此间的视角会出现仰视，这与画格里的人物权力有关联。例如，在画格5中，除了投射主体孔子，还绘有另一个次要角色，他手指指向天空，双嘴张大，正在侃侃而谈，而主要投射主体孔子端坐于次要角色身旁，从上向下斜视（也是俯视）该次要角色。这种视角体现了人物角色之间的权力关系，表现出孔子在道德、品行和智慧方面处于较高的地位，也突显了孔子"六十而耳顺"的学识状态。

从情态的角度来看，图2漫画中的情态值是较高的。该漫画的编码取向是学术漫画与娱乐漫画的融合。由于国学漫画的交际目的是传播社会文化，故其图像虽带有娱乐性质，但所表达的思想内涵却是严肃且具有学术性的。在这种学术漫画语境中，情态编码具有抽象性的特点。与其他三种编码比较，国学漫画的情态编码更加抽象化，比技术的编码取向生动形象，无感官编码取向的色彩缤纷，更无常识性自然主义编码取向的近现实生活中的逼真。在国学漫画中，人物图像经过了抽象化处理，作者在简化一些人物特征的同时，刻意夸张了某一独特的人物特征。例如，在画格1中，作者将投射主体少年孔子抽象为由黑色线条组成的卡通形象。在描绘孔子的面部时，人物的面部特征被极度简化，原本立体的人物被抽象为用简单线条组成的平面图像。在画格3中，作者仅用一组向下弯曲的弧线表示孔子的双眼，用未封闭的圆形表示孔子的鼻子。而在画格6中，作者却刻意夸张了孔子的胡须，将其描绘得长且飘逸，用以区分画格3的中年孔子形象。此外，该画格中人物的体态也被夸张化，孔子的人物形象一路轻盈奔跑，并像蝴蝶一般展开衣袖向前跳跃，夸张地描绘出孔子"从心所欲，不逾矩"的自在形象。该画格的图像颜色仅由黑色和白色组成，且并没有用灰度和阴影来增加人物的立体度。虽然在一般的图像里，这种简化是对情态值的降低。但在抽象编码里，这种简化反而代表了较高的情态值。一方面，图像通过对人物特征的简化和概括，突出人物的基本属性，这种编码代表的是社会地位的一种标志，如"一位古代圣人"。另一方面，对部分人物特征的夸张赋予了该人物区分度极高的个人属性，使投射主体与其他人物角色区分开来。而对于某些特征，如长须飘飘等人物特征的夸张描写，也突显出漫画作者对孔子圣人形象的塑造，具有较高的情态值。

漫画可以利用语言资源和图像资源来表达评价意义。图2漫画中的语言、图像态度评价资源基本上是判断资源，实现了社会尊严的判断评价意义（见表2）。大部分判断类型为铭刻式积极性能力判断。铭刻式指显性评价资源，激发式指隐性评价资源（Martin & White，2005）。相比文字，图像资源中的激发式判断较多。如画格2的投射信息中的"能够"，投射主体图像的"坚定的目光、手握书卷"等无疑是判断态度资源。另外，也可以看出，相比文字，图像资源中的激发式判断较多。

表2 漫画画页中的评价意义分析

画格	态度语义		态度判断资源	
	判断	情感	文字资源	图像资源
画格1	坚韧性	渴望	铭刻式：立志	铭刻式+激发式：专注的目光（看书）
画格2	能力性	满足	铭刻式：能够	铭刻式+激发式：坚定的目光（手握书卷）
画格3	能力性	开心	激发式：小句（已经没有不明白的地方了）	铭刻式：双目微闭，气定神闲的表情
画格4	能力性	开心	铭刻式：能够、能	铭刻式：看云卷云舒时的超然神情
画格5	能力性	惊讶	铭刻式：能	激发式：交谈时暗自思忖，不人云亦云
画格6	能力性	开心	激发式：小句（一切都不会做错）	激发式：迎风奔跑，追随内心，勇往直前

态度评价意义一方面体现在对投射信息中的二次表征语言上，另一方面则体现在图像资源上，包括人物表情和人物态度（视角）。这种态度评价意义还可以看出情感资源，情感意义是由人物的情绪（表情）和态度（视角）实现。情感资源涉及是否高兴、安全、满足、渴望等（Martin & White, 2005）。Feng & O'Halloran（2012）将漫画中由人物表情所实现的情感取向分为 6 种，即惊讶、开心、生气、悲伤、恐惧和厌恶，不同情感取向由五官系统选择组成。据此，可分析出投射主体孔子的情感资源。例如，在画格 6 中，孔子的表情选择为［眉毛：下弯］、［眼睛：下弯］、［嘴角：上升］和［身体方向：向上］，这种排列组合所实现的情感取向为开心，描绘了投射主体孔子对于"从心所欲，不逾矩"这一状态的积极的态度意义。

从以上分析可以看出，投射主体孔子的形象不仅标记了投射信息的来源，更为重要的是其图像所承载的特征也实现了丰富的人际意义和评价意义。

评估这个画页的符际翻译与原文的人际意义的相对对等问题，需要考虑语境（黄国文，2006），特别是情景语境中的语旨和语式。这里的语旨，也就是漫画作者及其漫画风格、目标读者等因素；而最重要的语式，是指模态的区别，即文字和图像的区别。由此，图 2 在符际翻译过程中所构建的投射人际意义与原文无疑有一定的区别，但是无论人际意义有多大程度的变化，该画页还是基本上实现了原文语言的投射人际意义。不对等的方面是符际翻译人际意义过程中，文字模态和图文模态的区别构建。投射的人际意义资源在文字语篇和图像语篇有显著不同，主要反映在投射主体的构建上。Catford（1965）认为，等值关系可以在层面和级阶交叉点上建立（黄国文，2003）。在符际翻译中，由于两者模态资源的不同，相对对等的尺度要大于单纯语内或语际的翻译，特别是投射主体的功能体现方式。从对漫画中投射主体的人际意义的词汇语法层面分析可以看出，投射主体在文字语篇和漫画语篇基本是不对等的，前者是文字，后者是图像，但语义层面的人际意义是对等的。原文的投射主体"子（曰）"简单明了，"子（曰）"标记投射信息的来源，还表示尊称，漫画中对这两个人际意义都有实现。不同的是，由于漫画中投射主体被具化与形象化，人际意义资源丰富多彩，人际意义显性扩张，丰富了投射信息的人际意义。这些投射主体中丰富的人际意义资源都可标记投射信息说话语气的强弱程度。总之，无论有怎样的不同，对本文所分析的投射语段符际翻译的人际意义解析可以说明，漫画忠实地传达了原文的投射人际意义，并加强了漫画读者对漫画中人物互动意义的了解。

4. 结语

本文主要依据系统功能语言学途径的翻译分析模式和多模态话语分析等相关理论，通过分析《漫画儒家思想》中"三十而立"画页的投射符际翻译的人际意义资源，解析了投射符际翻译人际功能语义机制，发现通过符际翻译构建的漫画投射人际意义与原文是基本一致的。虽然漫画对原文人际意义进行了较多调整改编，表现在词汇语法构建上产生了与原文人际意义的偏离，主要体现在投射主体的形象化以及语旨变量中的互动意义方面，但这样的偏离有助于漫画读者理解经典。由此，本研究对国学经典相关漫画中投射互动意义改编分析及其符际翻译对等模式进行了初步探讨，以期为符际翻译人际意义投射评估提供参数化的分析模式和方法。

参考文献

Baker, M. *In Other Words: A Coursebook on Translations* [M]. London: Routledge, 1992.

Catford, J. C. A. *Linguistic Theory of Translation* [M]. London: Oxford University Press, 1965.

Feng, D. & O'Halloran, K. L. Representing Emotion in Visual Images: A Social Semiotic Approach [J]. *Journal of Pragmatics*, 2012 (44): 2067-2084.

Halliday, M. A. K. Towards a Theory of Good Translation [C]// Steiner, E. & Yallop, C. (eds.). *Exploring Translation and Multilingual Text Production: Beyond Content*. Berlin: Mouton de Gruyter, 2001.

Halliday, M. A. K. Linguistics and Machine Translation [J]. *Zeitschrift fuer Phonetik, Sprachwissenschaft und Kommunikationsforschung*, 1962(15): i-ii.

Halliday, M. A. K. Comparison and Translation [C]//Halliday, M. A. K., McIntosh, A. & Strevens, P. (eds.). *The Linguistic Sciences and Language Teaching*. London: Longman, 1964:111-134.

Halliday, M. A. K. *An Introduction to Functional Grammar* [M]. 2nd ed. London: Arnold, 1994.

Halliday, M. A. K. The Gloosy Ganoderm: Systemic Functional Linguistics and Translation[J]. 中国翻译, 2009 (1):17-26.

Halliday, M. A. K. & Matthiessen C. M. I. M. *An Introduction to Functional Grammar* [M]. 3rd ed. London: Arnold, 2004.

House, J. *A Model for Translation Quality Assessment* [M]. Tubingen: Gunter Narr, 1977.

Jakobson, R. On Linguistic Aspects of Translation [C]//Brower,

R. A. (ed.). *On Translation.* Cambridge, Mass: MIT Press, 1959: 232–239.

Kress, G. & van Leeuwen, T. *Reading Images: The Grammar of Visual Design.* [M]. Burwood: Brown Prior Anderson, 1996.

Kress, G. & van Leeuwen, T. *Reading Images: The Grammar of Visual Design*: [M]. 2nd ed. London: Routledge, 2006.

Martin, J. R. & White, P. P. R. *The Language of Evaluation: Appraisal in English* [M]. New York: Palgrave Macmillan, 2005.

Martinec, R. & Salway, A. A System for Image—Text Relations in New (and Old) Media [J]. *Visual Communication*, 2005, 4(3): 337–370.

O'Halloran, K. L., Tan, S. & Wignell, P. Intersemiotic Translation as Resemiotization: A Multimodal Perspectives [J]. *Signata* (Special Issue on Translating: Signs, Texts, Practices), 2016(1): 199–229.

Painter, C., Martin, J. R. & Unsworth, L. *Reading Visual Narratives: Image Analysis of Children's Picture Books* [M]. London: Equinox, 2013.

蔡志忠. 漫画儒家思想: 上册 [M]. 北京: 商务印书馆, 2009.

黄国文. 唐诗英译文中的引述现象分析 [J]. 外语学刊, 2002(3): 1–6.

黄国文. 从《天净沙·秋思》的英译文看"形式对等"的重要性 [J]. 中国翻译, 2003(2): 23–25.

黄国文. 翻译研究的功能语言学途径 [J]. 中国翻译, 2004(5): 17–21.

黄国文. 翻译研究的语言学探索 [M]. 上海: 上海外语教育出版社, 2006.

黄国文. "译意"和"译味"的系统功能语言学解释 [J]. 外

语教学与研究, 2015 (5): 732 – 742.

李战子. 多模式话语的社会符号学分析 [J]. 外语研究, 2003 (5): 1 – 8.

司显柱. 功能语言学与翻译研究：翻译质量评估模式建构 [M]. 北京：外语教学与研究出版社, 2016.

杨信彰. 学习型英汉双解词典中的图文关系 [J]. 北京科技大学学报（社会科学版）, 2012 (4): 45 – 51.

曾蕾. 从投射小句复合体到投射语段：以《论语》原文与译文的对等分析为例 [J]. 现代外语, 2016 (1): 42 – 51.

曾蕾, 胡红辉. 《论语》及其英译本中投射语言结构的功能语篇对等研究 [J]. 外语与外语教学, 2015 (6): 75 – 79.

曾蕾, 梁红艳. 英汉投射语言对比研究 [M]. 北京：外语教学与研究出版社, 2019.

曾蕾, 杨慕文. 学术漫画的投射系统研究 [J]. 现代外语, 2019 (5): 1 – 13.

曾蕾, 朱薪羽. 国学经典漫画中投射概念意义的多模态再现机制探讨 [J]. 北京科技大学学报（社会科学版）, 2020 (6): 1 – 9.

张美芳. 功能情缘，深深怀念：追忆韩礼德先生 [J]. 北京科技大学学报（社会科学版）, 2018 (3): 13 – 14.

The Interpersonal Meaning of Intersemiotic Translation of Projection in Sinology Comics from the Perspective of SFL

Zeng Lei

Abstract: This paper aims to construct a framework for the study of the intersemiotic translation of Projection in sinology comics from the perspective of interpersonal metafunction based on Systemic Functional Linguistics and Visual Grammar. The research presents an analytical model of the intersemiotic translation of Projection from the interpersonal aspect, which is then applied to the analysis of one of the drawing pages from the Chinese classical comics book *Cartoon Confucianism*.

Key words: intersemiotic translation, Interpersonal meaning, Projection, sinology comics

从言语到图文的功能语境翻译探讨*
——以《道德经》和《老子说》中的投射为例

曾蕾 于晖**

摘要：从言语转换为图文的语篇分析已开始引起关注，但相关研究相对较少。本文试图从功能语境翻译视角，以《道德经》和《老子说》中的投射现象为例，探讨言语到图文的语境重构机制，挖掘出漫画创作者和译者在当代语境下的翻译理念。国学漫画投射话语模式虽然被重构为漫画的叙事体裁模式，但仍然是基于原文主题思想的作品，其投射话语的重构是国学经典漫画语境重构的典型范例。同时，本研究的分析也揭示了漫画中投射话语的功能语法机制。

关键词：功能语境翻译 图文投射 《道德经》 《老子说》

1. 引言

从言语到图文的翻译研究已引起关注。为适应当今图文时代

---

* 本文为广东省哲学社会科学"十三五"规划项目"国学经典漫画的投射再符号化构建研究"（编号为 GD18CWW06）的阶段性成果。

** 曾蕾，女，湖南新化人，中山大学国际翻译学院教授，博士生导师。

于晖，博士，北京师范大学外国语言文学学院教授，研究方向：功能语言学、语篇分析、教育语篇。

大背景的文化趋势，还需要进一步从多视角进行研究。投射现象是指用来转述或重复他人或自己话语或观点的一种元语言现象，指用于表达说话者间接（语言）的主客观经验的功能（Halliday，1994：250）。投射语言主要涉及言语过程与心理过程，涉及言语过程的投射类型为述说，涉及心理过程的则为观点（Halliday & Matthissen，2004：443；曾蕾，2000：163-173）。本文基于系统功能语言学的功能语境翻译思想和多模态话语分析的相关理论和分析方法，以《道德经》和《老子说》中的投射现象为例，从投射的主要类型"述说""观点"切入，比较语言文字单模态语篇和图文多模态语篇中投射意义发生的相似性与区别性特征，探讨图文符号资源构建的投射话语机制，分析漫画中多种资源如何协同来实现投射的语法与意义，解析从言语投射翻译到图文投射过程中的投射语义对等程度。

2. 理论依据

本研究的理论依据为系统功能语言学路径的翻译语境观和多模态话语分析。故本节主要介绍这两个领域的理论和相关研究。

2.1 功能语境翻译思想

系统功能语言学语境翻译思想始于20世纪60年代，早期的主要代表人物是Halliday（1962，1964）和Catford（1965）。随后，Baker（1992）和House（1977）等学者都开始运用系统功能语言学的理论框架解决翻译问题。在国内，黄国文（2004）也在十多年前就开始倡导系统功能语言学理论的翻译研究路径。而这种功能语境翻译视角下的分析方法已被越来越多的研究者运用于翻译理论、翻译实践、语言对比研究中（Halliday，2009；张美芳、黄国文，2002；黄国文，2004；司显柱，2016；Chang，

2018)。根据功能语境翻译思想,翻译的对等是功能意义上的对等,对等评估需要依据于语境(Halliday,2001,2009)。因此,翻译对等寻求的不是字词、语句的绝对对等,而是意义、功能、语境的对等。语境包括文化语境和情景语境。其中文化主要涉及语言交际的文化背景,由情景语境实现,而情景语境则由语域来体现。具体来说,语域包括语场、语旨、语式三个要素。语场指语篇的实际主题,涉及所进行的社会活动的性质特点,和对整个活动的描述等。语旨指语篇中各参与者之间的关系,以及参与者的社会地位与角色关系。语式为语言交际与传递的方式,其中包含了语言交际的渠道或媒介,以及语言符号组织方式等。若想使译文语篇与原文语篇语言特征得到最大程度的对等,需要依据特定的翻译语境来实现(Steiner & Yallop,2001)。

2.2 多模态话语分析与投射

基于系统功能语言学的多模态话语分析(Kress & van Leeuwen,2006)主要探讨语言符号和非语言符号如何共同构建意义。不同符号资源相互影响、相互作用,共同实现语篇的三大元功能。因此,我们分析多模态语篇时,不能只探讨语言符号资源,其他交流符号如图像、声音、颜色等在意义的建构中同样起着作用。这种研究路径促成了语言学研究的跨学科倾向,满足语言学研究本身对跨学科研究的需要(胡壮麟,2007:403;庞继贤、李小坤,2009:78)。Kress & van Leeuwen(2006)构建的视觉语法建立了图像分析的社会符号学框架。目前,对文字视觉单模态语篇(简称"文字语篇")中的投射论述已引起较多的关注(Halliday & Matthiessen,2004;曾蕾,2000,2002,2003);但视觉语法对图像在投射机制构建过程中的潜在功能的理论探讨与应用研究仍比较薄弱。然而,投射现象在漫画、卡通、儿童绘本等多模态语篇中经常被使用,并且表意机制相对复杂。可以说,图像投射模式改变了传统基于语言文字的投射模式，拓展了投射及其多模态话语分析的内涵与实质。因此，本文通过对比系统功能语法和视觉语法的投射论述，进一步研究多种符号资源构建的图像投射话语机制，探讨漫画中多种符号资源如何协同来实现投射的语法与意义。

视觉语法依据功能语言学对投射述说、观点的分析方法，重点分析了图像中投射的实现方式，即思维泡或对话泡与感知者或言语者间形成的强烈的"对角线"方位关系，Kress & van Leeuwen（2006：74–5）将这两种矢量分别视为心理过程和言语过程的实现。

3. 功能语境翻译路径的投射分析：从《道德经》到《老子说》

本研究选取蔡志忠国学漫画系列中的《老子说》为语料，对其中的图文投射翻译语境重构机制进行分析。此漫画译本结合图像和文字符号资源，将《道德经》中晦涩难懂的古文言文翻译为通俗易懂的漫画语篇。此翻译作品从某种程度上来说，虽是在新的语言文化环境里被创造的，是在不同文化交流和碰撞下语境重构的译作，但是它并未偏离《道德经》原本的主题与内容。译者主要借助漫画形式吸引大众，旨在传递道家思想。漫画译本《老子说》是具有语境重构特征的颇具代表性的翻译作品。这种语境重构的翻译理念可以从文化语境、情景语境、元功能层面分析得以诠释。

3.1 《老子说》的文化语境分析

《老子说》由蔡志忠根据《道德经》原本的大部分章节内容改编而成，将《道德经》中晦涩深奥的道家哲学变成无论国人还是外国人皆可通读理解的白话文漫画故事，是在当今多模态话语语境下创作的产物。《道德经》原文成书于春秋战国时期，是道家哲学的重要思想来源，分为《道经》和《德经》两部分，共 81 章。与《道德经》原本相似，漫画版《老子说》正文部分共有 81 个小故事，分别对应《道德经》的 81 个章节。漫画版在再现原文主题思想的同时，还对原文的语言结构进行了调整，加入了大量的投射结构。漫画中的投射结构与语言投射不同，是由图像符号资源和文字符号资源共同实现的。这两种不同的符号资源在表达层具有不同的表意系统和意义潜势，二者在同一语境下相互融合、相互协作、共同表意。例如，在《老子说》第一章（The Dao That Can't Be Spoken）中，不仅有对原文（"道可道，非常道；名可名，非常名……此两者同出而异名，同谓之玄，玄之又玄，众妙之门"）的语际翻译，还加入了 15 个图文投射结构，展示出老子向两位不懂道的角色讲述"何谓道"的故事情节（见图 1）。可见，漫画版虽然和原版具有相同的主题内容，但其漫画的宏观结构却偏离了《道德经》原文的体裁结构，呈现出漫画叙事框架的体裁特征。如图 1 所示，原文呈线性展开的语篇在漫画本中被重构为画页和画格投射，且呈现出多样化的图文投射特征。

　　将国学经典改编为漫画的翻译活动是富有意义的社会交际活动，在漫画翻译过程中，社会功能的作用不可忽视，只有将这种翻译过程与社会文化相联系，才有可能全方位实现漫画翻译的价值。功能语境翻译观强调分析译文语篇与原文语篇在宏观的文化语境中是否具有相同的意义和功能。虽然漫画语篇在语篇体裁和投射结构上与原文不对等，但其主题内容、思想、传播目的和功能意义基本与原本保持一致。在重构的文化语境里，译者与读者皆有目的、有步骤地参与了漫画的交际活动。从功能语境翻译观来看，《老子说》是《道德经》原文的一部语境重构作品。原文与译文的差异显示漫画作者（译者）重构了该作品的文化语境。

这种文化语境重构的交际活动阐释了原文投射语篇体裁与漫画投射语篇体裁的差异性缘由。译者对原语文本做出的创造性翻译，基本实现了目标语文化语境中的社会功能。以下情景语境和元功能层面的讨论将解析《老子说》语境重构的语篇语义与词汇语法实现机制。

原文	道可道，非常道
语际译文	The Dao encompasses the principles of the myriad things. It is formless, silent, has no body, and is eternal and unchanging. This principle cannot be clearly explained through language.
符际译文	

图1　《老子说》第一章第1页例图

3.2 《老子说》的情景语境分析

漫画译本所重构的文化语境由情景语境来实现，涉及语域中的语场、语旨、语式三个因素。因此，对《道德经》原本和《老子说》漫画本中的语场、语旨、语式三要素的分析，可以进一步解析译者的翻译策略及漫画译本的相对对等参数。

《道德经》原文和《老子说》漫画译本的主题思想和情节内容基本一致，因此语场基本对等。为了更好地突显主题，译者在每一章的标题处添加了对原文每个章节内容的概括，然后在之后的画格中通过投射结构层层递进地展开故事情节、塑造人物形象以及揭示原文所阐述的主要观点。这种叙事方法显示出漫画的特点。例如，图1中的漫画所转写的是《道德经》第一章第一句：道可道，非常道。这句话由1个标题画格和3个主画格再现，通过三个在时间上连续的并置的图画描述了老子与两位不懂道的角色的一系列互动，再现出户外交谈的场景。这一系列按时间顺序描绘的互动动作表明这些图像属于典型的漫画叙述图像。

在交际过程中，根据参与者及其性质、社会地位、社会角色的差异，可产生不同的语旨。因此，译本与原本人物关系的对等性对主题思想的对等性有着直接的影响。从语旨的角度来看，《老子说》与原文是不对等的。《道德经》原文的人物关系为：老子向函谷关令尹喜传授毕生的学识。而在《老子说》漫画中，人物关系转变为：老子向不知名的男女老少（角色）和读者讲述道家思想。漫画译文在处理人物关系时增添了更多的互动意义，使人物角色显性化。老子在漫画中时而与其他角色对话，时而直面读者讲述道理。此外，译者还将老子作为投射整个故事的主体，通过老子的叙述，将情节栩栩如生地展现在读者面前。

语旨的分析除了作品内部的人物关系，仍需涉及译者和读者的交际活动。在《老子说》漫画本中，漫画作者、译者和读者的关系造成了译本和原本宏观的投射结构的不一致性，即译者和读者参与了重构文化语境的交际活动，故直接生成了图文投射语篇结构。然而，译者与读者在漫画交际活动中是不可或缺的两个要素，加上这两者所重构的不对等语旨关系也是语境重构的重要因素。故本研究认为这种不对等是必要的，也是合理的。虽然《老子说》的叙事结构及所增加的相关内容与原文有出入，且改变了原文的人物关系，原文中的隐含作者与读者的关系在漫画译本中在一定程度上被新增的译者与目标读者的关系所取代，但这并未影响原文的主要内容和思想。

在语式上，原文属于古代文言文书面语，而漫画译文的语式相对复杂，既包含现代英文书面语，也有现代英文口语，同时还加入了视觉符号（见图2）。

原文	不尚贤，使民不争
语际译文	By not favoring wothies, you can keep people from being contentious
符际译文	

图2 《老子说》第三章第1页例图

如图 2 所示，该画页所再现的是原文第三章："不尚贤，使民不争。"画格 1、5、6、7 中对话泡外的旁白文字是与原文相对应的现代英语书面语译文，而画格 2、3、4、5 中对话泡内的文字则是现代英文口语。除此之外，语式的不对等性还反映在文字模态与图画模态的区别上。漫画版还有视觉表意符号，例如，图 2 画格 4 的对话泡通过锯齿状表达言语者的愤怒、激动的情感。另外，漫画还增加了相应的图文情景语境和图像人物角色，其文字模态和图像模态的偏离程度大，是影响投射语篇结构重构的主要因素。这种偏离一方面吸引了读者的阅读兴趣，更好地传授了《道德经》主题内容，在再现原文内容的同时，通过背景图像、视觉场景等的描写增加了帮助理解原文的历史社会文化背景。另一方面，视觉符号的应用具化了老子形象，把老子塑造为富有智慧、被大众所尊敬的历史人物形象。此外，语式的差异性还体现在语内与语际符号的重构，原文的古代文言文被再符号化为包含了现代英文书面语和口语的图文漫画语篇。

简言之，以上对《老子说》情景语境层面的语域三个变量参数的分析实现或佐证了文化语境层面的宏观语篇体裁差异的合理性阐释。从语域三个变量的分析，原文和译文语场是基本对等的，都记录了老子的道家思想。语旨分析解释了人物关系转变的必要性，而语式分析则展示了译文语式与原文语式的相似与差异，即古代书面语与现代书面语、现代口语、文字投射模态和图像模态的差异。这三个变量在原文与漫画译文的一致与差异直接影响了漫画译文情景语境的不同程度的变化。原文的情景语境（或语域）配置是"老子向函谷关令尹喜传授毕生学识"的古代论述文语篇体裁；而译文的情景语境配置被重构为"译者为当代中英文读者展示老子的学术思想，以及老子与问道者的对话与老子的活动"的叙事文学漫画体裁，可以看出，在语场、语旨、语式这三个变量中，使译文投射结构发生变化的主要因素是语旨，语旨的重构使得这三个变量的配置产生差异，直接影响到漫画译文投射结构语式上的变化，从而构建出其独特的图文投射模式。

3.3 《老子说》的元功能分析

根据功能语境翻译分析框架，情景语境中三要素的体现形式对应三大元功能，即概念功能（经验功能、逻辑功能）、人际功能和语篇功能（Halliday & Matthiesse, 2014）。Kress & van Leeuwen（2016）将语言的这三大元功能引入对视觉图像的分析中，提出了再现、互动、构图功能分析系统。因此，下文依据功能语法和视觉语法的元功能分析框架，一一阐释《老子说》元功能的转化机制。

3.3.1 概念功能分析

在功能语法的三大元功能中，概念功能包括逻辑功能和经验功能。从逻辑功能的角度来看，漫画版与原文呈现出不对等性。首先，漫画版将原文的直接主客观经验变为二次表征的间接（非直接）主客观经验，即将非投射语言转换为投射语言。如图1所示，原文的小句（或语段）被转写为投射小句复合体中的被投射小句（或语段）。由图像符号和文字符号共同构成的多模态投射与语言投射不同，并不遵循文字的线性排列模式，而是通过"投射信号（投射主体+矢量）^投射信息"空间排列来实现投射意义，将所有信息在二维空间内进行位置重组并同时展现出来。漫画版《老子说》的投射结构可分为两种类型，即显性投射与隐性投射。在显性投射中，投射主体、矢量（对话泡、思维泡）和投射信息都在画格中显性出现，这三部分通过矢量链接成一个整体（见图3）。在隐性投射中，只有投射主体和投射信息显性出现，并没有矢量出现。投射主体和投射信息通过相邻的空间并置连接为一个整体，其结构比起显性投射较为松散，且难以判断过程类型。如图3的隐性投射例图，投射主体老子位于画格中央，投射信息（对应"无名天地之始"）并置于投射主体左侧，通过空间排列实现投射的逻辑功能。

投射类型	显性投射	隐性投射
功能成分	投射主体^矢量^投射信息	投射主体^投射信息
图解		
例图		

图3 《老子说》中的投射类型分析

其次，从再现意义的角度分析，漫画版在实现原文再现意义的同时还进行了意义扩张。对比《道德经》原文和漫画版译文，译者在翻译过程中保留了原文大部分的过程类型，并在原文的基础上进行了扩张。为了使漫画版更容易理解，译者加入了大量故事情节，对原文内容进行解释，由此增加了大量的物质过程、言语过程和思维过程。其中最明显的扩张是言语过程的增加。译者在再现原文内容的同时，配合原文创作了新的故事场景，包括大量的人物对话。因此，漫画版对原文再现意义的扩张主要体现在投射矢量的增加上。在全书的900个画格中，共有364个言语过程矢量和64个思维过程矢量。这些新增的投射结构并不是对原文的直接翻译，而是作者对原文的注解。例如，图2的第5画格，画格空白处的文字对应原文"不尚贤，使民不争"，而对话泡内的文字则是作者新增的故事情节,将统治者"不尊贤者虚名,民众就不会攀比相争"的场景直观地展示出来。除此之外,在《老子说》每个章节的最后一个画格,都有一个显性投射结构。这些对话泡中的内容是译者对该章节原文的一个阐释与总结,使读者能更好地理解原文的思想内涵。

3.3.2 人际功能分析

人际功能指的是人们在交际中所构建的关系,包括社会地位和其他人际意义。在人们的交际中,主要有两个言语角色,"提供"和"索取";两种交流物,"物品和服务"和"信息"。基于功能语法的人际功能论述,视觉语法构建了图像中互动意义系统,包括接触、社会距离和态度三方面子系统(Kress & van Leeuwen, 2006)。接触指的是图中参与者的目光指向读者,仿佛与读者建立起联系,希望与读者互动。若图中参与者的视线看着读者,即为"索取",若图中参与者的目光与读者无对视,则为"提供"。社会距离指的是视觉图像的取景范围。而态度则包括主观态度和客观态度。下文主要从投射的言语功能和投射主体进行分析。

首先,投射原文和漫画中投射小句复合体的语气在漫画中几乎是一致的。例如,原文"圣人云……"是陈述语气,在漫画中的语气也是陈述语气。作为主要图像角色的老子与读者直接的眼神接触较少,多为"提供"类图像。不仅如此,老子的眼睛在漫画中几乎都是闭上的(见图1~图3),与其他图像角色的眼神接触也很少。即便是在正面面向读者时,其双眼也呈微闭状,属于零眼神接触。例如,在图1的故事中,漫画中包含老子在内的三位角色都没有直视读者,皆为"提供"类的图像,故漫画中的角色与读者的关系主要是提供信息和接受信息。进一步分析例子中漫画角色与读者的社会距离,1、3画格中角色与读者的距离属于远社会距离,即图像中包含角色的全身且角色身边有空间包围；画格2角色与读者间的距离属于个人远距离，即图像中仅包含角色腰部以上的部分。这样，这三位角色间身份地位的远近变化、情感的波动和由此引发的冲突得以清晰地呈现在读者眼前。另外，漫画中的角色始终都是侧面对着读者，可以看出读者被放在了一个旁观者的立场，如此读者便可以相对客观的态度去阅读这则漫画。也就是说，相比起角色直视读者的图像，读者不易将自己代入故事，而是站在一种超脱于漫画的客观立场上。在此基础上，漫画还对原文的人际意义进行了扩张，这种语义扩张主要体现在投射主体和投射信号的变化上。由于符号资源的增加，投射主体和投射信号的表意资源进行了重新配置，这极大丰富了人际表意资源。具体来看，在《老子说》中，投射主体的人际意义主要是由言语者的图像形象和面部表情所实现的。在漫画中，老子被描绘为一位背着葫芦、衣袍及地、长须飘逸、神色怡然、超然解脱的智者形象。他的标志性姿势是背着一个写有"道"字的葫芦，环臂端坐于蒲团之上，与其他角色形成鲜明的对比。这样的老子形象在漫画画格内重复出现，是漫画中出现频率最高的人物形象。例如，在图1和图2中，每个画格都有老子的人物形象出现。另外，在漫画版每个章节开头的主题画格中，都绘有老子的人物形象，在其人物上方写有老子投射出的言语。并且在每个章节故事结尾的最后一个画格，也会有老子的人物形象、对话泡和总结性投射信息。这种不断重复投射主体的表现形式，与《论语》等的古代记言体相似，通过对投射小句的不断重复来实现人际意义。例如，在《论语》中，投射小句多以"子曰……"开头。这一结构的重复蕴含着重要的人际意义，即学生对恩师的尊重与崇敬。在表意资源的选择上，学生们通过再现孔子的哲理名言、谆谆教导使自己跟命题保持一定的距离，以凸显孔子话语的绝对权威性和客观性，从而塑造出孔子的圣人形象。与《论语》类似，《老子说》漫画版也通过对投射主体老子人物形象的不断重复，凸显出对先哲老子的尊重与崇敬。随着投射主体和对话泡的不断重复，概念意义逐渐减弱，人际意义逐渐增强。除此之外，漫画版对原文人际意义的扩张还体现在投射信号的多样化上。在《老子说》漫画中，投射信号不仅有常规的对话泡和思维泡，还存在非常规的特殊对话泡，如星形、锯齿形、虚线形等等。例如，图4的这种锯齿形对话泡，就把言语者愤怒、激动、不满等情绪用图像符号再现出来，是图文投射人际意义的显性表达。

图4　《老子说》中的特殊对话泡

3.3.3 语篇功能分析

本节从主位结构和衔接机制两个角度对《道德经》和《老子说》的对等性进行分析。

从主位结构的角度来看，经过符号资源重新配置的《老子说》与原文的主位结构不对等。在《道德经》原文中，投射结构较少,主位通常由小句的起点信息所构成,几乎没有投射者老子的出现。而《老子说》漫画的画格多由图文投射结构构成,由于漫画投射属于非线性的空间结构,并不能依据单纯的主位结构理论对其进行分析。我们运用构图意义中的图像显著性分析方法对《老子说》进行分析。显著性指的是视觉图像中的元素在创作过程中被赋予不同的吸引程度,其程度差异受许多因素的影响,如布局的前景化或背景化、相对大小、形状、影像清晰度、色调等(Kress & van Leeuwen,2006:177)。在《老子说》中,除了对照版原文是自上而下书写的以外,文字都是从左往右书写的。同时,作为重要、显著的信息,文字都位于图片的上方正中央,凸显其重要性。漫画中的主要角色老子,作为画格内主要投射主体,在论述较为抽象的概念时,显著性较高且布局多前景化,并被置于画格的正中央或偏右方(如图2画格1、6、7)。当老子在其作为旁观者叙述具体的故事情节或举例证明时,显著性较低,通常位于画格的左或右下角,而故事情节中的角色则占据较高的显著性(如图2画格3、4、5)。

另外,从衔接机制来看,漫画打破了原文的衔接机制,通过两条交互的衔接链使各个画格链接为一个整体。第一条衔接链是老子对《道德经》原文的不断讲述,其表现形式是画页中投射信号(老子画像+显性或隐性对话泡)的不断重复。第二条衔接链为与之相对应的故事情节的展开,其表现形式为其他人物角色之间或与老子的对话。例如,图2的画格1、5、6、7都属于隐性投射,绘有投射主体老子的人物形象和文字投射信息,通过图文并置实现投射意义。这几个画格通过对投射信号(老子画像+隐性对话泡)的重复,阐释了为何"不尚贤,使民不争"这个主题。而该画页还存在另一条与之交互的衔接链,即故事情节的展开,如第2、3、4、5画格,通过新增投射主体和其与老子的互动,将"不尚贤,使民不争"的故事具体呈现出来,与老子所讲述的道理相互交融、相辅相成，将该画页链接为一个有机的整体。这种语篇特征与原文有较大的偏差，实现了对原文语篇功能的重构。实际上，造成以上主位结构和连贯机制的不对等性主要是语旨和语式的变化。

4. 结语

本研究通过对比分析国学经典漫画《老子说》与《道德经》原文，以国学漫画改编中的投射现象为例，探讨了功能语境翻译视角下的国学经典漫画投射分析方法。漫画语篇结合了图片和文字表意资源的优势，不仅再现了国学典籍原作者的主题和原文所蕴含的思想，还进一步扩展了原文化背景和隐性意义，使其比起典籍原文更具直观性、生动性和可读性，有利于国学典籍的海内外传播和中国文化软实力的提升。

参考文献

Baker, M. *In Other Words: A Coursebook on Translation*[M]. London: Routledge, 1992.

Catford, J. C. *A Linguistic Theory of Translation* [M]. London: Oxford University Press, 1965.

Chang, C. Modelling Translation as Re-instantiation [J]. *Perspectives*, 2018, 26(2), 166 – 179.

Halliday, M. A. K. *An Introduction to Functional Grammar* [M]. London: Arnold, 1994.

Halliday, M. A. K. Linguistics and Machine Translation [J]. *Zeitschrift fuer Phonetik, Sprachwissenschaft und Kommunikationsforschung*, 1962(15): i – ii.

Halliday, M. A. K. Comparison and Translation[C]//M. A. K. Halliday, A. McIntosh, & P. Strevens, (eds.). *The Linguistic Sciences and Language Teaching*. London: Longman, 1964: 111–134.

Halliday, M. A. K. Towards a Theory of Good Translation [C]// E. Steiner & C. Yallop (eds.). *Exploring Translation and Multilingual Text Production: Beyond Content*. Berlin: Mouton de Gruyter, 2001.

Halliday, M. A. K. & Matthiessen C. M. I. M. *An Introduction to Functional Grammar*[M]. 3rd edn. London: Arnold, 2004.

Halliday, M. A. K. The Gloosy Ganoderm: Systemic Functional Linguistics and Translation[J]. 中国翻译, 2009 (1): 17–26.

House, J. *A Model for Translation Quality Assessment* [M]. Tubingen: Gunter Narr. 1977.

Kress, G. & van Leeuwen, T. *Reading Images: The Grammar of Visual Design*[M]. London: Routledge, 2006.

Steiner, E. & Yallop, C. *Exploring Translation and Multilingual Text Production: Beyond Content* [M]. Berlin & New York: Mouton de, 2001.

胡壮麟. 谈语言学研究的跨学科倾向 [J]. 外语教学与研究, 2007 (6): 403–408, 480.

黄国文. 翻译研究的功能语言学途径 [J]. 中国翻译, 2004 (5): 17–21.

庞继贤, 李小坤.《话语研究新进展》介绍 [J]. 外语教学与研究, 2009, 41 (1): 77–79.

司显柱. 功能语言学与翻译研究：翻译质量评估模式建构 [M]. 北京：外语教学与研究出版社, 2016.

曾蕾. 英汉"投射"小句复合体的功能与语义分析 [J]. 现代外语, 2000 (2): 164–173, 163.

曾蕾. 从逻辑功能到经验功能: 扩展"投射"现象的概念功能模式 [J]. 现代外语, 2002 (3): 269–275.

曾蕾. 论系统功能语法中"投射"概念隐喻句构及其语义特征 [J]. 现代外语, 2003 (4): 351–357.

[20] 张美芳, 黄国文. 语篇语言学与翻译研究 [J]. 中国翻译, 2002 (3): 5–9.

Linguistic to Image Text from the Perspective of Functional-Context Translation: A Case Study of Projection in *Dao De Jing* and *The Dao Speak*s

ZengLei   YuHui

Abstract: Multimodal discourse analysis has attracted interests from different fields. This research intends to discuss the complex grammatical configuration of image-text multimodal translation in sinology comics *The Dao Speaks* from the perspective of functional-context translation. The results show that *The Dao Speaks* is a recontextualization work of the original text. This recontextualization process is considered to be a prototype among sinology comics. Meanwhile, this study also reveals the functional grammatical mechanism of multimodal projection in comics.

Key words: functional context translation, image-text projection, *Dao De Jing*, *The Dao Speaks*

功能语境理论与翻译

常晨光[*]

摘要：系统功能语言学理论与翻译研究有着悠久的互动历史。为实现功能对等，语境是翻译过程中需要考虑的重要因素。系统功能语言学历来强调语境的作用，其语境思想的发源与翻译活动密切相关。经过数十年的发展，功能语境理论日趋完善，对翻译研究与实践起到重要的指导作用。面对翻译实践提出的新问题和新挑战，功能语境理论将继续在理论和实践的辩证互动中得到进一步完善。

关键词：语境　功能对等　翻译　功能语境理论

1. 引言

系统功能语言学理论与翻译研究有着悠久的互动历史。20世纪50年代，Halliday 就开始研究机器翻译，并讨论翻译中的"对等"问题（Halliday，1956，1962）。Halliday（1962/2005；

---

[*] 常晨光，男，安徽砀山人，教授，博士，博士生导师，研究方向：功能语言学、翻译研究。

21)认为,机器翻译是应用语言学领域的问题,我们需要用相应的普通语言理论对源语和目的语进行系统描述和比较。

Catford(1965)率先将 Halliday 的语言学理论应用于翻译研究。Catford(1965:20)采用 Halliday 的早期的"阶与范畴"语法理论,将翻译定义为"用另一种语言(目的语)的等效文本材料替换某一种语言(源语)的文本材料"的过程。自 Catford 的研究发表以来,很多系统功能语言学学者和翻译研究学者都尝试从系统功能语言学的角度探索翻译(例如 Baker,1992;Bell,1991;Hatim & Mason,1990,1997;House,1997;Matthiessen,2001;Munday,2012a,2012b;Steiner,2001;Teich,2001;Zhang,2013)。Halliday 本人也撰写了一系列文章(1992,2001,2010)来探讨翻译问题。

从系统功能语言学的角度来看,翻译是一种交际行为。Halliday(1992)从意义和功能角度讨论翻译问题,认为翻译是"一种制造意义的活动"(a meaning-making activity),并指出"如果不涉及意义的创造,一个活动就不是翻译活动"。Matthiessen(2001:64)也指出,翻译是在目的语中对源语意义的创造性重构,而不仅仅是对源语的被动反应(translation is "not a passive reflection" of the source text, but rather "a creative act of reconstruing the meaning of the original" in the target text)。作为一种交际活动,翻译与语境存在着密不可分的关系。

2. 翻译中的对等

对等是翻译研究中的重要概念。其中最有影响的包括 Nida 提出的"功能对等"。奈达(Nida)"功能对等"概念的前身是"动态对等"。Nida(1964)区分"形式对等"和"动态对等"两种翻译原则。所谓"形式对等"是指对原文形式的忠实再现,而"动态对等"则强调原文与译文具有相同的交际效果。为实现较高程度的动态对等,需要使用功能对等词而非强求形式对等词。Nida & Taber(1969)进一步提出,翻译是在译文中用最贴切而又最自然的对等词语再现源语的信息,首先是意义,其次是文体。de Waard & Nida(1986)用"功能对等"取代"动态对等",强调翻译的交际功能,认为信息不仅包括思想内容,也包括语言形式。功能对等的程度可以通过比较原文接受者理解和欣赏原文的方式与译文接受者理解和欣赏译文的方式得以确定。

功能语言学者就"对等"问题也进行了讨论。Catford 认为,所谓对等可以从语音、书写及词汇语法等各个层面来讨论。Catford 使用"转换"一词来指"从源语到目的语的过程中在形式对应上的偏离",并将转换细分为级转换和范畴转换(Catford 1965:第12章)。Catford 还区分"形式对应"与"文本等值"(1965:27),形式对应指译文在语言范畴上与原文对应,文本等值指译文与原文的全文或部分等值。

Halliday(1964)认为,"对等"是个相对的概念,目的语和源语的对等是一种"或多或少"的关系,而不是"是或否"的关系。这与语境有密切的关系,因为"在两种不同语言中,语言活动的语境是不一样的"(Halliday,1964:124)。Halliday(1992)把翻译的过程视为选择"对等"的过程,并指出:如果意义是语境中的功能,那么意义的对等就是语境中的功能对等。Halliday(2010:18)指出,有效的翻译指的是译文能达到与"源语文本上下文中相同的功能"。

Halliday(2001)根据层级化、元功能和级阶这三个向量提出了对等的系统功能分类,认为每个翻译实例可能在不同层级、不同级阶和不同元功能上对"对等"有不同的赋值。

Halliday(2001:16)指出,在语言系统中,不同的元功能没有先后次序之分,但在具体翻译时它们会被赋予不同的重要性，通常而言，概念意义被赋予最大的关注。Halliday（2001：16）同时强调，在某些情况下，人们也可能优先考虑人际意义或语篇意义。例如，在某些语境中，重建源语文本中的权力和亲疏关系、评价和态度模式更为重要，甚至可能超出对概念意义精准对等的需要。

Matthiessen（2001）和 Steiner（2001）等使用示例化的维度来讨论翻译。在系统功能语言学理论中，示例化是指概括的程度，涵盖了文化中语言使用实例的意义潜势。示例化是一个连续统，涉及语言系统与语言使用之间的关系。我们所说的"系统"是从远处看到的语言，是意义上的潜势，而我们所说的"语篇"，则是从近处看到的语言，是从该潜势中获得的示例。Matthiessen（2001：74）将翻译活动定位在示例的一端。同样，Steiner（2001：187）将翻译视为"示例（语篇）之间的关系，而不是语言系统之间的关系"。他同样关注示例化，并从文本变体和互文关系的角度着手阐释翻译。

Martin（Martin，2008，2009；Martin & White，2005：25）在系统—语域—语篇类型—语篇这一连续统上增加了"阅读"的概念，因为"语篇本身具有足够的意义，有可能以不同的方式被阅读，这取决于读者的社会主体性"。这就使我们有可能将源语语篇视为一种意义潜势，把不同的译文视为该意义潜势的示例（Chang，2018）。常晨光（Chang，2018）以简·奥斯丁的小说《傲慢与偏见》及其各种翻译、改编版本为语料，分析源语文本意义如何在目的语文本中被再示例化，尤其关注再示例化过程中的不同语义投入，即意义潜势激活的程度。研究发现，一般而言，目的语文本在概念意义和人际意义上都展现出不同的语义投入，而在不同的目的语文本之间，意义潜势激活的程度也存在显著差异。因此，将翻译构建为一个再示例化的过程有助于我们更好地解释翻译的本质以及翻译过程中涉及的微观策略。

示例化在翻译研究中是一个有用的概念。正如 Halliday（1992：16）所说，翻译不仅是"意义的创造"，而且是"有指导的意义创造"。在翻译的意义创造过程中，译者以源语文本为指导，在目的语文本中进行各种再示例化。将这种对源语意义的重新建构视为再示例化的过程，有助于我们解释不同译文中的各种变化以及语境因素在此过程中所起的作用。

3. 翻译中的语境因素

翻译过程中涉及诸多语境因素，语境问题也越来越多地得到翻译研究者的关注。例如，近年来翻译研究开始更多关注译者本身，如译者的背景、翻译动机、他们与出版商/编辑之间的关系，等等，将翻译置于译者所处的跨语言/文化空间之中进行考查。翻译文本的选择显然也涉及语境因素，因此人们关注社会文化因素对翻译的文本选择的影响，如：哪些文本被选择翻译？什么时候被翻译？在哪个文化中被翻译或不被翻译？等等。翻译史研究关注其背后的原因，这些都是与语境相关的问题。

从语言学的角度，我们更关注译文的语言选择，以及影响译者语言选择的相关语境因素。系统功能语言学强调语境的重要性，认为语言和语境是相互依赖的关系。事实上，系统功能语言学理论就是研究"语境中的语篇"（text in context）的理论，其语境思想的起源就与翻译密切相关。

3.1 系统功能语言学的语境思想

系统功能语言学语境思想的源头与翻译密切相关，可追溯至20世纪初期 Malinowski 在南太平洋特罗布兰德群岛（Trobriand Islands）对当地土著人的人类学研究。Malinowski 试图把自己的研究成果写成英语论文时，发现当地土著居民的话很难翻译成英语。他尝试用直译的办法，但结果不理想，译文无法让英语本族语者明白其要表达的意思。最后，他采用了在译文中提供详细批注的方法，这种批注的功能就是为文本提供其发生的情景。Malinowski 提出了情景语境（context of situation）的概念，用来指语篇发生的环境（the environment of the text）。后来，Malinowski（1935:22）又提出了文化语境（context of culture）的概念。他在调查中发现有一些语言现象仅在情景语境中无法得到解释，比如巫术和宗教仪式上的用语。他认为除即时的语境之外还需要提供整个文化背景，只有这样才能准确地理解文本。"情景语境""文化语境"这两个概念就是在这种背景下提出来的。Malinowski 强调语言与社会和文化的关系，关注语言的功能和意义，指出必须联系语境才能理解语言。他的语境思想也在伦敦学派中得到进一步发展。

同在伦敦大学任教的同事兼朋友 Firth 吸收了 Malinowski 的观点，并在其基础上探讨语境的概念，提出语言学是对意义的研究，而意义是语言在语境中的功能的思想（Firth，1935/1959）。Firth 试图将情景语境的概念融入普通语言学理论之中，以建立起一套独特的意义理论。在 Firth 看来，意义是语篇"在语境中的功能"，分为形式意义和情景意义，分别出自语内语境和语外语境。这两类语境前者由特定结构中成分之间的横向组合关系和特定系统内单位之间的纵向聚合关系构成，后者即 Malinowski 所说的"情景语境"。Firth 提出适合语篇分析的情景语境框架，其中包括以下主要因素：①情景中的参与者，如是哪些人、有什么样的个性、特征等，相当于社会学家概念中的参与者身份和角色；②参与者的行为，包括其语言行为和非语言行为；③情景中其他相关的事物和事件；④语言行为的效果（Halliday & Hasan，1985:8）。Firth 试图将语境的概念融入普通语言学理论之中，所提出的情景语境框架为语境理论的进一步发展奠定了基础。

Halliday 继承和发展了伦敦学派有关语境的探讨，并把语境纳入他所创建的系统功能语言学体系中。Halliday 把语言意义归为社会符号系统，即语言意义不是孤立地存在于语言单位之中，而是与特定情景语境所体现的社会符号系统密切相关。根据聚合的观点，Halliday 将语义系统看成意义潜势的网络（Halliday，1978：40）。这个网络包含了许多互相联系的系统，而每个系统就是一套选择。语境能制约语篇，各种语境变量激发语义系统，从而产生各种词汇语法选择。

Halliday 的情景语境模式与"语域"（register）这一概念有密切的联系，用来指语言在不同的语境中受不同情景因素支配所出现的变体。语域指语言的功能变体，是基于语言使用的变化（Halliday，1978）。Halliday 认为，语言在情景中发生，并在情景中得到理解和解释。情景语境的变化能引起语言的变异，这就在语言中形成了各种各样的受情景因素支配的语言变体。因此，语域与情景语境类型（situation type）密切相关，情景语境类型之于语域，正如情景语境之于特定的语篇（Halliday & Hasan，1985）。每一种语域都具有特定的情景语境类型与之相对应，Hasan（Halliday & Hasan，1985）称之为语境构型（contexual configuration）。

Halliday（1964）指出，影响语域变异的情景因素可归纳为三个变量：语场（field of discourse）、语式（mode of discourse）和风格（style of discourse）。在1978年的模型中，"风格"为"语旨"（tenor of discourse）所取代，其原因在于"风格"一词有颇多歧义。在这三个变量中，语场指实际发生的事情，语言发生的环境，包括谈话话题、讲话者及其他参与者所参加的整个活动。语旨指参与者之间的关系，包括参与者的社会地位以及他们之间的角色关系。语式指语言交际的渠道或媒介，如是口语还是书面语，是即兴的还是事先准备好的；同时，语式还包括修辞方式。

任何一个情景因素的改变都会引起所交流的意义的变化，从而引起语言的变异，产生不同类型的语域。语场、语旨和语式等因素在语篇中分别为经验、人际和语篇意义所体现。因此，语境和语言的纯理功能之间存在一种相关性，这又被称为语境和纯理功能的共振假设。

值得一提的是，Halliday 认为语域是一个意义概念，位于语义层而并非语义层之上的语境层；从本质上说，语域是语义可能性的集合，语域的转变意味着语义层的重组（Thibault, 1987）。而语场、语旨和语式属于情景语境的特征，位于语义层之上的语境层面。语域是分析的中间层面，将语篇中的词汇语法体现与情景类型相联系。

Martin（1992：496）用语域（register）和语篇体裁（genre）分别对应情景语境和文化语境。他在 *English Text* 一书中扩展了语域的概念，把语域看作一个符号系统。在 Halliday 研究的基础上，Martin（Martin, 1992; Martin & Rose, 2008：12 – 16）对语场、语旨和语式这三个变量进行进一步细化。例如，语场包括两个维度：是否由活动构建（activity-structured/non-activity structured），是关于具体还是一般（specific/general）的人、事物或现象。语旨包括地位（status）和一致性（solidarity）两个维度。考察语式的维度则包括：①语言在正在进行的活动中所起的作用——语言是伴随话语范围（accompanying field），还是语言本身就构成话语范围（constituting field）；②对话和独白（dialogue/monologue）之间的互补。

Martin（1992）认为有必要对语境进行进一步分层，将其分为语域、语篇体裁（genre）和意识形态（ideology）三个层面。Halliday 把语域置于语义层面，而在 Martin 的语境模式中，语域的概念涵盖了 Halliday 的语域和情景语境概念，包括三个语境变量。语篇体裁则处于更高的层面，与文化这个符号系统相对应，被定义为:"一种作为我们文化成员的说话者的有步骤的、有一定既定目标的、有目的的活动"。

3.2 语境与翻译

前文提到,Halliday(2001)认为每个翻译实例可能在不同层级、不同级阶和不同纯理功能上对"对等"有不同的赋值。例如,在三个纯理功能中,概念纯理功能通常得到最多的关注,但在某些情况下,根据语篇的主要目的,人们也可能更强调人际意义或语篇意义(Halliday,2001:16)。比如,日常寒暄的时候,人们关注的是人际关系的协商与维系,而不是概念意义的准确表达。

从级阶的角度来看,我们可以看到不同级阶的语境层次关系。英语的级阶由四个级组成:

从这个角度看语境,级阶中的上一级构成下一级的语境。例如,一个词素的语境就是该词素出现的单词,而一个单词的语境则是其出现的词组。因此,在考虑如何翻译一个词素时,就需要考虑这个词素出现的单词。Halliday(1992)曾以英语词素-ly 的翻译为例,说明上一级单词语境的作用。英语单词中的-ly 翻译成意大利语一般是-mente,但是单词 likely 中的-ly 却不是-mente。

英语单词 likely 作为形容词翻译成意大利语是 probabile 而不是 probabilmente。因此，在 likely、burly、surly 这类形容词里的时候，词素-ly 一般翻译成意大利语-mente 这个规则不再适用。再比如，像 driver、writer 这类单词，这里的-er 其实表达两种不同的意思：一是一般现在时意义上的"以……为职业的人"，另一个是现在进行时意义上的"正在做……的人"。单词 driver 到底翻译成"司机"还是"正在开车的人"，则需要考虑更上一级的语境。

不同语篇体裁的翻译有时需要考虑形式对等，如诗歌翻译需要考虑押韵等方面的问题。但这类形式对等也必须置于功能语义关系的考量之下。Halliday（1992）曾举儿歌翻译为例。他指出，当我们把法语或意大利语等欧洲语言的儿歌翻译成英语时，为照顾押韵，我们可能需要替换源语中的某些词汇。例如，为在儿歌译文中照顾 box 的押韵，我们可能在英语译文选择用 fox 替代源语中的 wolf，但不太可能在译文中用 rocks 替代源语中的 socks，因为 fox 和 wolf 处于相同的语义域，而 rocks 和 socks 则分属于完全不同的语义域。

在翻译中有时需要考虑不同级的语境问题，在译文里做出适当的选择。Halliday（1992）曾用他本人的专著 *Learning How to Mean: Explorations in the Development of Language* 的意大利语译文的翻译讨论语境对译文的影响。下面是英文专著中的两段母子对话：

MOTHER [having fetched Nigel home from school]: How on earth did you get all that sand in your hair?

NIGEL: I was just standing up and I threw the sand to it [= "at it"; referent unspecified] and it got in my hair.

MOTHER: And what did the teacher say?

NIGEL: No...because it was time to go home and have your [= "my"] pieces of meat.

NIGEL (from playroom): Mummy where are the one with green in?
MOTHER: The what?
NIGEL: The all green ones.
MOTHER: But I don't know what it is you're talking about.
NIGEL (patiently): The ones I had in Nairobi. [Mother gives up.]

这两段的意大利语译文如下：

LA MADRE: (che ha riportato a casa nigel da scuola) Come fai ad avere tutta questa sabbia nei capelli?
NIGEL: I was just standing up and I threw the sand to it [= "at it"; referente nonspecificato] and it got in my hair. (Ero in piedi e gli ho tirato la sabbia e mi è andatanei capelli.)
MADRE: Cosa ha detto il maestro?
NIGEL: No...because it was time to go home and have your [= "my"] pieces of meat.
(No...perché era ora di andare a casa a mangiare I miei pezzi di carne.)

NIGEL (dalla camera da gioco): Mummy where are the one with green in? (Mama, dove sono quelli con il verde?)
MOTHER: Ma non so di cosa parli! Quali?
NIGEL: The all green ones. (Quelli tutti verdi.)

101

MOTHER: Ma non so di cosa parli.

NIGEL（pazientemente）: The ones I had in Nairobi. （Quelli che avevoa Nairobi.）[la madre rinuncia.]

原文为母子对话，意大利语译文的语言选择准确表达了对话的内容及其发生的环境，同时也很好地体现了源语中母子的关系和互动特征，这是最直接的第一级的语境。这里还有第二级的语境，Halliday 这本专著是研究儿童语言发展的著作，这两段对话其实是讨论儿童语言使用所引用的英语例子。因此在意大利语的译文里，儿子 Nigel 的话保留了原本的英语形式，意大利译文则放在其后面的括号里。这种选择显然考虑到了这些例子所出现的这本专著的性质。如果只提供意大利语译文，不保留英语原文，这些例子也许就失去了其原来的作用，读者也无法看到不同阶段儿童语言的特征及发展变化。这里意大利语译文既照顾了第一级的语境，同时也考虑到了更高一级语境，即这本专著的目的和学术功能，显然翻译是成功的。

这类具有多级语境的语篇很多，翻译时需要将不同级的语境都考虑进去。例如，下面的例子来自笔者朋友的微信朋友圈（图1）。作者巧妙地通过跟女儿的对话引出自己给朋友们的新年祝福：

小丫头有洁癖，不喜他人动她的东西。为娘我无意间把手机放在她心爱的书本上，只听一声惨叫，吓了我一大跳。

小丫头若无其事：不好意思，一不小心把心底的声音泄露出来了。

应景对话，祝我所有的朋友们元旦快乐！

功能语境理论与翻译

图 1 朋友的微信朋友圈

这里从母亲的角度讲述与女儿的对话，给人印象深刻的是女儿的古灵精怪、母女关系的亲密、母亲表达新年祝福方式的巧妙等等。这个对话自然有其本身层面的语境，可以通过语场、语旨、语式等变量进行分析。然而，这个对话与朋友圈帖子的另一层语境密切相关，如不结合起来，对话内容就不完整，无法完全理解。朋友圈里的漫画显然是"心爱的书本"上的内容，也就是女儿不小心泄露的"心底的声音"，母亲的手机显然刚好放在了漫画的这一页上。这个"心底的声音"又转化成作者对自己朋友们的新年祝福。如果我们将这个新年祝福的朋友圈翻译成英语,显然必须考虑到原文的多层语境,才能准确表达原文的意义和效果。

当然,微信朋友圈是随社交媒体发展出现的一种新的语篇体裁,涉及翻译中的文化语境问题。文化语境的概念自20世纪初提出后产生了较大的影响,人们更加关注语言与文化的关系,关注语言的社会功能和意义。但相对于对情景语境、语域的研究,功能语言学界对文化语境的研究仍相对较少,直到Martin提出用语篇体裁的概念解释文化语境,将其纳入他的语境和语言模型。

按照Martin的定义,语篇体裁是某文化社团成员"有步骤的、有一定既定目标的、有目的的活动",那么文化不同,完成某一目标的步骤也许就不一样。体现在语言上就会出现宏观结构上的差异,也就是说,同一类语篇体裁在不同语言中也许就会呈现不同的形式。因此,在翻译过程中,需要关注语篇体裁的文化适切性。张美芳(2001)就曾以国际学术会议征文为例,非常有力地说明了在翻译过程中关照英汉两种语言的语篇体裁差异的重要性。

4. 语境理论与翻译实践的互动

正如前文所说,系统功能语言学语境的思想最初起源于翻译活动,其理论的发展为翻译活动提供了有益的指导。翻译活动也反过来促进功能语境理论的完善。作为适用语言学的系统功能语言学一直强调理论和实践的辩证关系(常晨光、廖海青,2010),这种互动必将继续进行下去,从一个侧面推动语境理论的不断完善。

以情景语境和语域的研究为例,对语场、语旨、语式这三个语境变量的界定仍比较模糊。如 Hasan（2009）所批评的那样，我们常依赖"常识"，缺乏"可检测的"标准。Hasan（1999，2009）本人就进行了一系列的研究，前文我们介绍了 Martin 也对语场、语旨和语式这三个变量进行进一步细化，但对这三个语境变量的确切内涵，以及它们如何影响我们翻译过程中的语言选择仍需要进一步探讨和分析。从翻译实践入手，在解决实际翻译问题的过程中，也许能够找到丰富和完善现有语境理论框架的途径。

关于文化语境，目前的研究有很多深化的空间。我们知道语言和文化之间有密切联系，但文化语境中包含哪些核心因素，文化语境与情景语境的关系，文化语境如何影响译者的选择，等等，这些都是需要我们继续研究的问题。

以标题"Zidane's Love Affair with Madrid Is Real"为例，这是香港一份英文报纸上一篇文章的标题。报道说的大致是原在皇家马德里的齐达内，离开多年后又回归，足见他对皇马的真爱。尝试用翻译软件翻译此标题，多数直接译成"齐达内与马德里的爱情是真的"，也有的译为"齐达内与马德里的爱情是皇马"。如果我们了解更多的背景，就很容易看清文章作者的意图。多年前，Real Madrid 球队在香港被译为"真马德里"，因为当年的译者望文生义，不知道这里西班牙语的 real 相当于英语的 royal。误用了多年后，才被改译为"皇家马德里"。考虑到这个背景，可见作者把球队名字拆开成为 Madrid 和 Real，造成 Real 一词双关，是文字巧用的表现，标题所表达的幽默也就清楚了。

在这个例子里，我们从语境的角度应如何看待 Real Madrid 被译为"真马德里"的这个背景知识或互文知识？如放在情景语境之下考虑，似乎可以归于语旨这一变量，涉及参与者因素；具体到这个语篇，涉及作者和读者的关系，包括他们的地位、特点，我们还可以扩充一下它的内涵，把共享知识背景包括进去。

不过相比而言,放在文化语境下考虑似乎更合理,但如何避免Hasan(2009)对语境研究的批评,确立一些"可检测的"标准,仍是需要深入思考的问题,毕竟目前讨论文化语境仍停留在"常识"上,缺少严谨的理论模型。

另外,多模态语篇的翻译也为现有的语境模型带来新的问题和挑战。我们需要关照语言模态之外其他模态的语境问题,以及多种模态语境之间的关系。下面以一则小林漫画为例(见图2),在翻译时我们除考虑漫画的语篇体裁、内容、意义、风格外,还需要考虑图文的互补关系,以及语境因素对译文语言选择的制约。下面是网上找到的几个翻译版本:

图2 小林漫画《你说天长我就递酒》

(1) Whenever you fantasise about *commitment*, I bring you down to the *moment*.

(2) You declare undying love; I say, "Have another one, love."

(3) "When are you ever going to pop the qu…"

"…the cork? Right away, sweetheart."
(4) He yodels, "Make me an honest man, darl."
She slurs, "Sure, drink up, hon."

这几个版本均较好地译出了漫画的意思。版本（1）运用押韵的方式，再现了汉语谐音"递酒"（地久）产生的幽默，但译文与漫画中的两人喝酒的语境关联不大，图文互补性不强，效果多少有所欠缺。版本（2）（3）（4）的英文译文均与饮酒相关，图文语境关联性较强。相比而言，版本（2）和（4）比较平淡，版本（3）译得更为巧妙。为关照中文"天长地久"的习语性，版本（3）利用 question 和 cork 两个单词首辅音均为/k/的特点，在对话里将 pop the question（求婚）和 pop the cork（打开酒瓶）两个英语习语串在一起，很好地实现了漫画翻译的功能对等，算是语言巧用的一个范例。

因此，在类似的翻译实例中，比较不同的译文，我们能从中发现语境对翻译产生的重要影响。如何通过多模态语篇的翻译反思语境理论的完善，是需要持续努力探讨的问题。总之，翻译实践会不断为语境理论提出新的挑战和问题，而在理论和实践的辩证互动中，功能语境理论将得到进一步发展。

5. 结语

系统功能语言学与翻译研究的结合已超过半个多世纪。功能语言学的语境思想源自翻译活动，经过几十年的发展，对翻译研究和实践起到重要指导作用。当然，功能语言学的语境思想还在不断发展之中。面对翻译实践提出的新的挑战和问题，功能语境理论将在理论和实践的辩证互动中得到进一步完善。

参考文献

Baker, M. *In Other Words: A Coursebook on Translation*[M]. London & New York: Routledge, 1992.

Bell. R. *Translation and Translating: Theory and Practice*[M]. London: Longman, 1991.

Catford, J. C. *A Linguistic Theory of Translation*[M]. London: Oxford University Press, 1965.

Chang, C. G. Modeling Translation as Re-instantiation[J]. *Perspectives*, 2018, 26(2): 166 – 179.

de Waard, J. & Nida, E. A. *From One Language to Another: Functional Equivalence in Bible Translating*[M]. Nashville: Thomas Nelson, 1986.

Firth, J. R. A Synopsis in Linguistics Theory, 1930—1955[C]//Palmer, F. R. (ed.) *Selected Papers of J. R. Firth 1952—1959*. London: Longman, 1935/1959.

Halliday, M. A. K. The Linguistic Basis of a Mechanical Thesaurus[J]. *Mechanical Translation*, 1956, 3(3). 81 – 88. (Reprinted in the *Collected Works of M. A. K. Halliday, Volume 6: Computational and Quantitative Studies*. Edited by J. J. Webster. London: Continuum, 2005: 6 – 19).

Halliday, M. A. K. Linguistics and Machine Translation[J]. *Zeitschrift für Phonetik, Sprachwissenschaft und Kommunikationsforschung*, 1962(15). (Reprinted in the *Collected Works of M. A. K. Halliday Volume 6: Computational and Quantitative Studies*. Edited by J. J. Webster. London: Continuum 2005: 20 – 36).

Halliday, M. A. K. Comparison and Translation[C]// Halliday, M. A. K., McIntosh, A. & Strevens, P. D. (eds.). *The Linguistic Sciences and Language Teaching*. London: Longmans, 1964.

Halliday, M. A. K. *Language as Social Semiotic: The Social Interpretation of Language and Meaning*[M]. London: Arnold, 1978.

Halliday, M. A. K. Language Theory and Translation Practice [J], *Rivista internazionale di tecnica della traduzione*, 1992(0): 15 –25.

Halliday, M. A. K. Towards a Theory of Good Translation [C]// Steiner, E. & Yallop, C. (eds.). *Exploring Translation and Multilingual Text Production: Beyond Content*. Berlin & New York: Mouton de Gruyter, 2001: 13 – 18.

Halliday, M. A. K. Pinpointing the Choice: Meaning and the Search for Equivalents in a Translated Text [C]//Mahboob, A. & Knight, N. (eds.). *Appliable Linguistics: Texts, Contexts and Meanings*. London: Continuum, 2010: 13 – 24.

Halliday, M. A. K. & Hasan, R. *Language, Context and Text: Aspects of Language in a Social-semiotic Perspective*[M]. Geelong, Vic.: Deakin University Press, 1985.

Hasan, R. Speaking with Reference to Context [C]//M. Ghadessy (ed.). *Text and Context in Functional Linguistics*. Amsterdam: Benjamins, 1999: 219 – 232.

Hasan, R. The Place of Context in a Systemic Functional Model [C]// Halliday, M. A. K. & Webster, J. (eds.). *Continuum Companion to Systemic Functional Linguistics*. London: Continuum, 2009: 166 – 189.

Hatim, B. & Mason, I. *Discourse and the Translator* [M]. London: Longman, 1990.

Hatim, B. & Mason, I. *The Translator as Communicator*[M]. London: Routledge, 1997.

House, J. *Translation Quality Assessment: A Model Revisited* [M]. Tubinger: Gunter Narr, 1997.

Malinowski, B. *Coral Gardens and Their Magic*[M]. London: Routledge, 1935.

Martin, J. R. *English Text: System and Structure* [M]. Amsterdam: Benjamins, 1992.

Martin, J. R. Tenderness: Realization and Instantiation in a Botswanan Town[J]. *Systemic Functional Linguistics in Use*, OWPLC, 2008, 29: 30 – 62. (Reprinted in the *Collected Works of J. R. Martin, Volume 1: SFL Theory*. Edited by Wang Zhenhua. Shanghai: Shanghai Jiaotong University Press, 2010: 484 – 513).

Martin, J. R. Introduction: Semantic Variation: Modelling Realization, Instantiation and Individuation in Social Semiosis[M]//Bednarek, M. & Martin, J. R. (eds.). *New Discourse on Language*. London: Continuum, 2009: 1 – 34.

Martin, J. R. & Rose, D. *Genre Relations: Mapping Culture* [M]. London: Equinox, 2008.

Martin, J. R. & White, P. R. R. *The Language of Evaluation: Appraisal in English*[M]. London: Palgrave, 2005.

Matthiessen, C. M. I. M. The Environment of Translation[M]//Steiner, E. & Yallop, C. (eds.). *Exploring Translation and Multilingual Text Production: Beyond Content*. Berlin & New York: Mouton de Gruyter, 2001: 41 – 124.

Mundy, J. *Introducing Translation Studies: Theories and Applications* [M]. Oxford & New York: Routledge, 2012a.

Mundy, J. *Evaluation in Translation: Critical Points of Translator Decision-making*[M]. Oxford and New York: Routledge, 2012b.

Nida, E. A. *Toward a Science of Translating*[M]. Leiden: Brill, 1964.

Nida, E. A. & Taber, C. R. *The Theory and Practice of Translation* [M]. Leiden: Brill, 1969.

Steiner E. Intralingual and Interlingual Versions of a Text: How Specific Is The Notion of Translation?[C]//E. Steiner & C. Yallop (eds.).

Exploring Translation and Multilingual Text Production: Beyond Content. Berlin & New York: Mouton de Gruyter, 2001: 161 – 190.

Teich, E. Towards a Model for the Description of Cross-linguistic Divergence and Commonality in Translation [M]//Steiner, E. & Yallop, C. (eds.). *Exploring Translation and Multilingual Text Production: Beyond Content*. Berlin & New York: Mouton de Gruyter, 2001: 191 – 227.

Thibault, P. An Interview with Michael Halliday [C]//Steele, R. & Threadgold, T. (eds.) *Language Topics: Essays in Honor of Michael Halliday*, Vol. II. Amsterdam: Benjamins, 1987: 601 – 627.

Zhang, M. F. Stance and Mediation in Transediting News Headlines as Paratexts [J]. *Perspectives: Studies in Translatology*, 2013, 21, 396 – 411.

常晨光,廖海青. 系统功能语言学理论与实践的辩证关系: 适用语言学探索 [J]. 外语与外语教学, 2010 (5): 11 – 14.

张美芳. 从语篇分析的角度看翻译中的对等 [J]. 现代外语, 2001 (1): 78 – 84.

Functional Theory of Context and Translation
Chang Chenguang

Abstract: There has been a long history of interaction between Systemic Functional Linguistics (SFL) and translation studies. To achieve functional equivalence, context is one of the most important factors to be considered in translation. SFL has always emphasized the function of context in the study of language, and in fact the origin of its theory of context was closely related to the practice of translation. After many decades of development, the functional theory of context has evolved into a powerful theory to guide translation practice. Faced with the new problems and challenges in translation, the functional theory of context will continue to develop in the dialectic interaction between theory and practice.

Key words: context, functional equivalence, translation, functional theory of context

多模态视角下的儿童绘本翻译研究

——以木兰绘本为例

陈曦*

摘要：本文从多模态视角研究儿童绘本翻译，以改编自《木兰辞》的三本双语绘本为研究语料，借助符际翻译的概念（Jakobson，1959）考察绘本中的图文关系，并基于相关多模态理论（Kress & van Leeuwen，1996，2006；O'Toole，1994；Painter, Martin & Unsworth, 2013），提出绘本图像的多模态分析框架，探析木兰的传奇故事如何在多模态中重现。研究结果表明，多模态途径有助于更好地理解和阐释绘本中的图像和图文关系。通过绘本中图文间的符际翻译，在多模态中重构出不同的木兰形象，使《木兰辞》这一历史悠久的文化经典在现代绘本中重获新生。

关键词：木兰　绘本翻译　多模态　符际翻译

---

* 陈曦，澳门大学英语语言学博士，澳门科技大学国际学院助理教授。研究方向：多模态语篇分析、翻译研究、跨文化研究。

1. 引言

绘本，也叫图画书（picturebook），是一种"基于视觉和语言两个层面沟通结合的艺术形式"（Nikolajeva & Scott，2001：29）。中国大陆一般用"绘本"这一名称，以区别于漫画、连环画等图书类型。日本绘本大师松居直曾用公式形象地阐释绘本中的图文关系：文＋图＝插画书，文×图＝绘本。（朱自强，2009：36）绘本中的图文不是简单地叠加，而是有机结合，通过不同层面的交织互动，共同阐释主题、讲述故事，最终实现整体大于部分之和的效果。

近年来，随着儿童绘本的大量创作、译介和出版，绘本这种独特的儿童文学形式逐渐进入翻译研究者的视野。在国外，已有诸多学者（Lathey，2006，2010；Oittinen，2008，2010）进行了绘本翻译的相关研究，开始在翻译中关注到图像、声音等语言符号之外的元素。2018年，劳特里奇出版社出版了《翻译绘本：为儿童读者重现文字、图像与声音》（*Translating Picturebooks: Revoicing the Verbal, the Visual, and the Aural for a Child Audience*），为目前对绘本翻译最为全面的研究专著。

在国内，绘本一度被视为低龄儿童读物，未引起儿童文学研究者的足够重视。直到2005年起，大量的国外绘本译入中国，儿童绘本开始在引进版图书中占据重要地位，绘本相关的阅读推广和理论研究也逐渐引起儿童文学界的关注。然而，目前国内仅有方卫平（2012）、郝广才（2006）、彭懿（2006）等少数学者的绘本研究专著，涉及绘本翻译研究的期刊论文也仅有数十篇（如傅莉莉，2016；徐德荣、江建利，2017；蔡石兴，2018），讨论儿童绘本翻译中的文化忠实、风格再造和绘本外译等问题。而上述绘本翻译研究论文也大多仅限于文字层面，并未深入考察绘本中的图文在翻译中的重要作用。此外，也有一些语言研究者以儿童绘本为语料进行相关多模态研究（陈冬纯、陈敏芝，2019；孟玲，2019；赵秀凤，2016），但这些研究并未涉及绘本中的翻译问题。总体看来，与国外研究相比，国内的绘本翻译研究仍处于翻译研究和儿童文学研究的边缘，研究数量较少，研究角度相对单一。

随着 2016 年曹文轩获得安徒生图书奖，中国儿童文学开始更好地走向世界，越来越多的中国原创绘本也被翻译和推广到海外。新世纪，我们需要用更广阔的视角审视绘本和绘本翻译。本文尝试从多模态视角探析儿童绘本翻译，借助符际翻译的概念（Jakobson，1959），对绘本中的图文进行考察，并根据相关多模态理论（Kress & van Leeuwen，1996，2006；O'Toole，1994；Painter, Martin & Unsworth，2013），提出绘本图像的多模态分析框架，以期帮助读者更好地理解绘本中的图文互动。此外，基于上述多模态分析框架，本文以改编自《木兰辞》的双语绘本为研究语料，进一步考察木兰绘本中的符际翻译，以及绘本中的木兰形象如何在多模态中重现。

2. 多模态与符际翻译

2.1 多模态

多模态指在一个交际成品或交际活动中所用的不同符号模态的混合体（van Leeuwen，2005：281）；也可以表示不同的符号资源被调动起来，在一个特定的文本中共同构建意义的多种方式（Baldry & Thibault，2006：21）。

基于系统功能语法（Halliday，1985，1994）中语言的三大元功能，即概念功能、人际功能和语篇功能，Kress 和 van Leeuwen（1996）创建了以再现意义、互动意义和构图意义为核心内容的视觉语法,形成了单个图像的理论分析框架。他们认为,"正如语法决定词如何组成小句、句子和语篇,视觉语法可以描绘人物、地点和事物所组成的、具有不同层次的视觉'陈述'"。(Kress & van Leeuwen,1996:1)

此外,O'toole(1994)也提出了一个视觉分析框架,来研究美术画作中的三大元功能如何通过视觉得以呈现。他用再现、模态和构图三大功能,与系统功能语法中语言的三大元功能相对应,还将画作中的组成部分细分为从大到小的一系列单位:画作整体(Work)、整体中的片段(Episode)、片段中的人物和对象(Figure),以及人物和对象的细节(Member)。(O'toole,1994:24)在每一级单位中,都有不同的符号资源以视觉形式实现再现、模态和构图三大功能。

随后,Painter, Martin & Unsworth(2013)以儿童绘本为语料,系统研究了绘本中的视觉叙事方式。"由于绘本是通过语言和图像两种符号系统构建意义的文本,从社会符号学视角对绘本的解读,应该对其语言文字和与之对应的视觉元素做共同考量。"(Painter, Martin & Unsworth,2013:9)他们提出了研究绘本中图文关系联动互补的分析框架,这一分析框架为儿童绘本视觉叙事分析提供了科学的理论工具,也被称为新视觉语法(冯德正,2015)。

此外,在新视觉语法中,Painter, Martin & Unsworth(2013:35)还特别强调了颜色在绘本意义传达中的重要作用:"绘本与读者所产生的最即时的感情纽带效果,就是通过其颜色的选择和使用来实现的。"颜色也是具有概念、人际和语篇三大功能的视觉资源。Kress & van Leeuwen(2002:355)还指出,颜色具有区别性特征,如色值、色饱和度、色纯度、辨色力、色调等,这些区别性特征不仅能够用于区分不同的颜色,还具有意义潜势。颜色的人际作用主要指其对观众产生的情感效果。例如,红、橙、黄等明亮、温暖的颜色会传递出幸福快乐的感觉；蓝色和其他包含蓝色的色调，则会传递出悲伤阴郁的感觉。绘本中不同颜色的使用和搭配会传递出不同的隐含意义，以实现不同的人际功能。

2.2 符际翻译

符际翻译的概念来自 Jakobson（1959）提出的翻译三分法，即语内翻译、语际翻译和符际翻译。其中，语内翻译指通过同一语言的另一些符号对文字符号做出解释，即通常所说的"改变说法"；语际翻译指两种语言之间的互译；符际翻译则指通过非语言的符号系统解释语言符号，或用语言符号解释非语言符号。（Jakobson，1959/1966：233）符际翻译不是标准意义上的翻译，而是将语言信息转换为另一种表达媒介，例如，从语言媒介转换为音乐、图像、电影等不同媒介。因此，符际翻译是一个更为复杂的过程，在语言信息向非语言信息的转化过程中，不仅要对所涉及的不同符号使用规则的特性进行描述，还要对源语文本和目标语文本做双向分析。（Pereira，2008：105）

绘本包含图像和文字两种符号，绘本中的图文关系也一直是绘本研究的关注重点。通常情况下，绘本作者将文字故事先创作出来，插画家再根据文字绘制图像，从这一角度来看，绘本中的文字可视为源语文本，图像为目标语文本，图像和文字间的互动可看作一种符际翻译。Pereira（2008）认为，在绘本的符际翻译中，可用多种方式实现图像对文字的翻译。例如，通过图像逐字再现文本元素，通过图像强调文本中特定的叙事元素，或改编图像以适应特定的意识形态或艺术趋势，等等。

3 绘本的多模态研究方法

3.1 研究语料

本研究以改编自《木兰辞》的儿童绘本为研究语料。《木兰辞》是中国家喻户晓的乐府诗，木兰女扮男装、替父从军、英勇无畏、忠孝爱国的形象深入人心。《木兰辞》被改编为小说、电影、戏剧等诸多艺术形式，也被改编和翻译成不同的儿童绘本，其中有国内改编的木兰绘本（李钺，2012；郑勤砚，2013），也有美国出版的双语绘本（Jiang & Jiang, 1992; Chin, 1993; Zhang, 1998）和英语绘本（San Souci, 1998; Hardy-Gould, 2004）等。

本研究语料选自三本由《木兰辞》改编的中英双语绘本：美国 Children's Book Press 出版的 *China's Bravest Girl*（1993），美国 Pan Asian Publications 出版的 *The Ballad of Mulan*（1998）和上海人民美术出版社出版的 *Song of Mulan*（2010）。上述绘本中的语料可分为图像和文字两种。文字材料指绘本中的中英文文本，其中中文文本为源语文本（ST），英文文本为目标语文本（TT）；图像材料包括绘本封面，以及绘本内木兰从军前后的不同形象。

3.2 绘本的多模态分析框架

本研究综合多模态相关理论（Kress & van Leeuwen, 1996, 2006; O'Toole, 1994; Painter, Martin & Unsworth, 2013），提出了绘本图像的多模态分析框架（见表1）。

表1 绘本的多模态分析框架

图像单位	图像功能		
	概念功能	人际功能	语篇功能
图像整体	主题； 主背景； 参与者	真实度	布局，取景； 显著性； 色彩衔接
图像中的片段	分背景； 动作、事件、 场景； 参与者	情态； 权力； 社会距离； 视觉情感； 气氛	相对位置 （水平、垂直、 对角线）； 取景中元素的 布置； 焦点的安排； 连贯
片段中的人物和事物	人物特征（动作、手势、衣着）； 事物特征	人物刻画； 姿势； 举止	相对位置 （前面、后面、 侧面）
人物和事物的细节	身体细节（面部特征、表情、发型等）； 事物细节	品质和属性	衔接（平行、对比）

表1第一栏表示绘本图像中的概念、人际和语篇三大功能，第一列显示出绘本中的图像可划分为一系列不同的图像单位：图像整体、图像中的片段、片段中的人物和事物、人物和事物的细节。在不同层级的图像单位中，有不同的符号资源实现不同的图像功能。

首先,绘本中描述的事物和场景通常采用我们熟悉的物质世界中的形状和图形,因此,绘本中的图像可以在一定程度上展现物质世界,这就是图像的概念功能(Painter, Martin & Unsworth, 2013:53)。绘本中实现概念功能的资源包括:"主题",即图像所设计表现出的整个故事;"背景",即故事所发生的环境;"参与者",指图像整体或图像片段中出现的人物或事物;"人物特征",指图像中人物的动作、手势和衣着等;"身体细节",包括人物的面部特征、表情和发型等。

其次,当儿童阅读绘本时,图像通过人物刻画建立起绘本与儿童之间的情感联系;图像背景中色彩的运用奠定了故事的感情基调,这些都属于图像的人际功能(同上:15)。绘本中有如下资源可实现人际功能:"真实度",即图像唤起读者共鸣和现实感受的能力。由于现实世界是由各种各样的颜色组成的,因此,当图像中出现越多不同的颜色,读者对图像的熟悉感就越大。(同上:38)"权力",指图像中人物所呈现给读者的特定角度,通过平视、俯视和仰视等不同角度,可体现出图中人物和读者间不同的权力关系。"社会距离",指图像中的人物通过特写、中景、远景等不同镜头,呈现出图像与读者间不同的社会关系。"视觉情感",通过对面部特征和身体姿态的刻画所表现出的人物情感所实现。"气氛",指通过色彩的使用来创造图像中的情感情绪或氛围。例如,高饱和度的色彩可以最大限度地创造充满活力的视觉效果,产生兴奋感和活力感,而饱和度较低的色彩则会呈现更温和、克制的感觉。(同上:37)暖色和冷色在描绘绘本中物理环境、营造氛围等方面也传递出不同的情绪。

最后,在阅读绘本的过程中,儿童有时会被书中的细节而不是整体所吸引,又或者会对书中的某幅图特别感兴趣,而不管其是否与前后故事情节相连贯,这些都与图像的语篇功能有关。绘本中实现语篇功能的资源有:"布局",即书中图文位置的安排,有单开页和双开页等不同形式(同上:92);"显著性",指书中成分通过前置、后置、相对大小不同、彩色对比、清晰度对比等方式来吸引读者注意（Kress & van Leeuwen，2006：177）；"取景"，指通过分隔线或分帧线等手段的使用断开或连接图像中的元素，从而显示它们是否属于图像中的特定部分（同上）。

借助这一多模态分析框架，我们可以考察绘本中图像的概念、人际和语篇三大意义是如何通过不同的符号资源在不同层级实现的，从而更为客观地对绘本中的图像和图文关系进行分析和阐释。

4. 木兰绘本的多模态翻译分析

在本研究中，文字材料构建了木兰的传奇故事，图像材料重现了木兰的形象，文字材料和图像材料间的关系可视为一种符际翻译。基于本文提出的绘本多模态分析框架，对三本木兰绘本中的木兰形象进行多模态分析和比较，并探讨图文间的符际翻译。

图 1 和例 1 为绘本 *Song of Mulan* 开篇的图像和文字材料。

图 1 *Song of Mulan*（2010：2-3）开篇的木兰女装形象

例1

ST1：
唧唧复唧唧，
木兰当户织。
不闻机杼声，
唯闻女叹息。
"问女何所思？
问女何所忆？"

TT1：
Alas, alack! Alas, alack!
As Mulan weaves before her shack,
The shuttle clicks are heard no more,
Except her deep sighs at the door.
"For what are you, girl, deep in thought?
And why are you by reveries caught?"

ST1 取自古代乐府诗《木兰辞》原文，语言朴实自然，用对话或独白形式叙事，寥寥数句，勾勒出一个边织布边忧思的少女形象。在 TT1 中，"alack"和"shack"、"more"和"door"、"thought"和"caught"形成尾韵，保留了源语文本中的诗歌形式。图1与文字材料相对应，其概念功能突出了绘本开篇木兰的女性形象。木兰身穿及地长裙，她的黑发在头顶盘成一个大发髻，两缕细细的发丝垂在两鬓，这正是中国古代女子的典型发型之一，增添了木兰的女性气质。在人际功能方面，木兰的全身像以远景呈现，和读者形成较远的社会距离，而远景也能将更多的背景纳入画面，背景中的织布机与文字材料相呼应。此外，白、黑、棕、暗红等颜色的使用传递出低饱和度、低辨色力的画面质感，呈现出与中国古代绘画相似的视觉效果。在绘本中，人物刻画、姿势和举止也能体现人际意义。木兰的裙装和面部表情均由细线条描绘，宽大的白色袖子上层层叠叠的褶皱，更凸显裙子柔软的材质，体现出中国古代女子优雅的穿衣风格。木兰低头轻抚发丝的姿势，也传递出一丝少女的优雅和娇羞。通过概念功能和人际功能的实现，图像中木兰形象的女性特质得以强化，在图文间的符际翻译中，忠实再现出文字中所描绘的传统木兰形象。

图2和例2节选自绘本 *China's Bravest Girl* 开篇的图像和文字材料。

多模态视角下的儿童绘本翻译研究

图 2　*China's Bravest Girl*（1993：4-5）开篇的木兰女装形象

例 2
ST2：
喀喳喀喳喀喳响，
手指飞舞梭来往。
妙龄女子花木兰，
织布机旁纺织忙。

TT2：
The sound is click, and again, click click,
young Hua Mu Lan at the loom.
Her fingers fly, the shuttle darts,
as she weaves inside her room.

在这本绘本中，源语文本对乐府诗《木兰辞》进行了创造性改编，将木兰的传奇故事以琵琶词这种独特的艺术形式呈现。琵琶词，是与琵琶曲相配合的歌词，由琵琶师根据不同的曲谱创作，或叙述故事，或抒发情感。琵琶词作为歌词具有乐感和韵律，因此，改编后的 ST2 节奏押韵，朗朗上口，保留了原诗中的诗歌形式和韵律美。在 TT2 中，译文更多地采用交际翻译的策略，在传递 ST 基本信息的基础上，每小节的第二和第四行形成尾韵，在一定程度上保留了源语文本中的诗歌形式。图 2 从概念功能的层面，突出展现了邻家少女的木兰形象。木兰身着宽松的蓝色长裙和紫色马甲，在织布机前专心纺织，她的长发编成朴素的马尾垂在身后。在人际功能方面，木兰的侧面全身像以远景呈

123

现，细线条描绘的眉眼使读者较难分辨木兰的面部表情，难以建立和读者直接的人际互动。此外，在图文间的符际翻译中，图像选择性地再现了文本元素。例如，图2对应的源语文本包含三小节，第一小节为ST2，描绘木兰在屋内纺织的场景；第二小节"一边织来一边想，张张军书贴墙上；老父姓名列其中，皇帝征兵令难当"传递出木兰父亲位列征兵名单的信息；第三小节"敌军入侵我中华，奋勇抗敌保边疆！千家万户哭相送，壮士明朝上战场"，介绍目前敌军入侵，需参军抗敌的情况。然而，与三小节文字材料相对应的，仅有一幅木兰坐在窗边纺织的图像，再现出文中第一小节的文本信息，第二小节的文本信息在图像中则被完全省略。同时，在图像右上角，窗外的分背景展现出旌旗招展、士兵策马的场景，第三小节的文本信息得到部分再现。此时，在图文间的符际翻译中，通过在图像中选择性地再现文本元素，在多模态中重现出一个朴素的邻家少女木兰。

图3和例3为绘本 The Ballad of Mulan 开篇的图像和文字材料。

图3　The Ballad of Mulan（1998：1-2）开篇的木兰女装形象

例3

ST3：

很久以前，在中国北方的一个村庄，有个名叫"木兰"的女孩。

有一天，她坐在织布机前织布。唧唧！唧唧！织布机重复地响着。

突然间，织布机的声音停止了，

换来的却是木兰一声声的叹息。

木兰的母亲关切地问："木兰，你有什么心事吗？"

"没什么，母亲。"木兰幽幽地回答。

TT3：

Long ago, in a village in northern China, there lived a girl named Mulan. One day, she sat at her loom weaving cloth. Click-clack, click-clack! went the loom. Suddenly, the sound of weaving changed to sorrowful sighs.

"Mulan, what troubles you?" her mother asked.

"Nothing, Mother," Mulan softly replied.

ST3 将乐府诗《木兰辞》改编为现代小故事，以通俗易懂的方式向读者娓娓道来木兰的传奇故事；而 TT3 也完全舍弃了诗歌形式，力求忠实地传递源语文本中的信息。图 3 展现出绘本 *The Ballad of Mulan* 开篇的木兰形象，以一种更为"忠实"的方式翻译出文本信息。图 3 的概念功能尤其突出，在图像中补充了丰富的分背景，将木兰的生活细节详细地呈现给读者：门口卷起的竹帘，悬于房梁的各色纱线，屋角小憩的花猫，门口觅食的母鸡和鸡仔，院内精致的假山，郁郁葱葱的绿植，枝头盛开的花朵，等等。在图文间的符际翻译中，这些添加的分背景增补了文字中没有的内容，与语际翻译中的增译手法有异曲同工之妙，使读者通过绘本中的多模态呈现，对木兰生活时代的衣食住行有更进一步的了解。值得一提的是，木兰身穿粉色长裙，在头顶扎着两个小发髻，用粉红丝带装饰，这属于中国古代少女的经典发型。在中国古代，在不同的人生阶段，人们会有不同的发型。例如，幼年时期，孩童头发自然下垂，称为"垂髫"；十三四岁的少女，将头发在头顶扎成两个小发髻，称为"豆蔻"。在乐府诗《木兰辞》中，原本对木兰的生活年代和年龄等细节都没有具体交代，而图3中头顶双发髻的木兰形象则透露出更多的年龄信息，此时木兰被刻画成一个十三四岁的小女孩，与后文替父从军的男装形象形成鲜明对比。

图4和为绘本 Song of Mulan 中描绘木兰从军生活的图像和文字材料

图4 Song of Mulan（2010：10–11）中木兰从军的男装形象

例 4

ST4：　　　　　　TT4：
旦辞爷娘去，　　　At morn she leaves her parents dear;
暮宿黄河边。　　　At dusk she camps where Hwang Ho's near.
不闻爷娘唤女声，She hears no more her parents call her name,
但闻黄河流水　　　But hears the river flows
鸣溅溅。　　　　　With plash and splash and goes.

ST4 刻画出木兰远离亲人、征战边疆的孤寂。TT4 在保留诗歌形式的基础上，针对"黄河"一词的翻译，又添加了一个简短的脚注"Hwang Ho: is known as the Yellow River"。在这本绘本中，有多个类似的翻译脚注，对具有文化信息的专有名词进行补充解释，帮助读者进一步理解其中隐含的文化信息。图 4 的概念功能突出，让读者一眼就明白这是木兰从军的男装形象。木兰穿戴全套铠甲和头盔，手持宝剑，临河远眺。在人际功能的实现上，整幅画面由棕、灰、黑、白等冷色调构成，唯一的暖色调则是木兰随风飘荡的红色斗篷。低饱和度、低辨色力的色彩传递出战场的压抑和战争的残酷。木兰的面部细节在小小的人像中难以辨认，因此无法通过面部表情建立与读者的人际互动。木兰的全身像以大远景呈现，与读者形成疏离的距离感。在黄河激流的主背景映衬下，木兰形象更显得轻巧单薄，传递出孤单、无力的感觉，似乎暗示个人命运的渺小。此外，该绘本在实现语篇功能上独具匠心。绘本的布局很有特色，在中文文本左侧，印有一个小小的陶俑图像，下方配有中英双语说明，介绍此陶俑为"北朝时的持剑武官俑，头戴盔，肩披长袍，颈围毛领，内服铠甲"，有助于西方读者理解古代中国人民的生活和社会习俗。北朝正是历史上推测木兰传奇发生的时间，持剑武官俑的造型又与图中木兰扶剑远眺的形象相呼应。此时，图像形成对文字的符际翻译，附加的小陶俑图像又与木兰图像遥相呼应，形成多层次的图文互动。

图 5 和例 5 节选自绘本 China's Bravest Girl 中的图像和文字材料，描绘木兰置好装备、奔赴战场的场景。

图 5　China's Bravest Girl（1993：8 -9）中木兰从军的男装形象

例 5
ST5：
月牙长枪手中握，
柳叶大刀挂腰旁。
紧身盔甲好威武，
战马长啸斗志昂！

TT5：
The crescent moon spear in her hand,
the willow leaf sword by her side,
her armor is laced and tightened,
her war horse is saddled to ride.

与乐府诗《木兰辞》相比，源语文本 ST5 中增添了许多木兰出征前的准备细节，用一系列具象描述在读者脑海中勾勒出木兰英武的从军形象。在概念功能的实现上，图 5 中重构的木兰形象与文字材料高度一致。木兰身穿金色铠甲，头戴金色头盔，身披红色斗篷，脚蹬墨绿长靴，左手紧握宝剑，右手扶着长枪，一副威风凛凛、英姿飒爽的战士形象，与语言材料中的"月牙长枪""柳叶大刀""紧身盔甲"的描述紧密呼应。从人际功能的角度来看，木兰的全身像以远景呈现，但余下的背景空间并不多，木兰全身铠甲的形象几乎占据整个页面，给读者带来一种气势和压迫感。木兰平视前方，与读者形成视觉交流，而沉静的表情又传递出一丝坚毅。多种高饱和度色彩的使用营造出高饱和度、高辨色力的画面质感，也使木兰从军的男装形象更加威武，此时，看不出木兰的女儿身份，更像是一个英勇的中性战士形象。值得一提的是，在语篇功能的实现上，该绘本也有巧思。绘本中每两页为一组，左页为文字，右页为对应的图像；在左页，中文文本印在背景图案上，通过边框取景和颜色对比突出显著性。在图 5 中左页的背景图案中，金色龙凤在天空翱翔，引人注目。在中国传统文化中，龙和凤为男性和女性的象征。背景图案中的金龙和金凤与中性木兰形象遥相呼应：木兰身披铠甲，似一个英勇的战士，但她的真实身份为女儿身。在图文间多层次的符际翻译中，呈现出更加丰富立体的木兰形象。

通过绘本中图文间的符际翻译，多模态语料重构出不同的木兰形象。在绘本 *Song of Mulan* 中，图像材料忠实再现了一个忠、孝、勇、烈的中国传奇女英雄形象。木兰着女装时的及地长裙和大发髻，着男装时的全套铠甲和头盔，细线条勾勒的精致眉目，与文字材料中描绘的传统木兰形象紧密相连。在绘本 *China's Bravest Girl* 中，则呈现出中西文化融合的木兰形象：一个勇敢、聪明、富有爱心、追求平等的中国女孩。在这本绘本的文字材料中，结尾处特别添加了木兰与战友互诉衷情、私订终身的情节，这一改编违背了中国传统文化，但又以幸福的婚姻生活作为木兰故事的结尾，反映出西方对中国女性命运的理解。而图像材料中的木兰形象更像一个普通的邻家女孩，披上铠甲后又变成一个英勇无畏的战士。此外，绘本 *The Ballad of Mulan* 也力求忠实再现中国传统文化中的木兰形象：一个英勇、能干、热忱、忠诚的中国民间女英雄。尤其是图像中补充的各种丰富的分背景,将木兰生活时代的衣食住行详细生动地呈现给读者,在图文间的符际翻译中,增补了许多隐含的文化信息。

5. 结语

本文从多模态视角研究儿童绘本翻译,从宏观和微观两个维度对木兰绘本中的图像和文字进行了考察。宏观上,从符际翻译的角度探讨了绘本中的图文互动;微观上,基于本文提出的绘本多模态分析框架,从概念意义、人际意义和语篇意义三个层面,系统地分析和对比三个绘本中木兰形象的异同,并探讨这些差异背后隐含的文化因素。通过图文间的符际翻译,多模态重构出不同的木兰形象:*Song of Mulan* 中忠、孝、勇、烈的中国传奇女英雄木兰,*China's Bravest Girl* 中勇敢、聪明、有爱心、求平等的中国女孩木兰,和 *The Ballad of Mulan* 中英勇、能干、热忱、忠诚的中国民间女英雄木兰。借助多模态语料,《木兰辞》这一历史悠久的文化经典在现代绘本中重获新生。

此外,本研究尝试提出一个多模态分析框架来考察绘本中的图像,这不但降低了传统绘本图像阐释的主观性,也是跨学科研究的尝试。其实,多模态的概念和符际翻译是不谋而合的。多模态途径有助于更好地理解和阐释绘本中的图像和图文的关系,从而帮助读者理解和发掘图像背后隐含的文化意义。绘本翻译是一个包含着绘本作者、译者、插画家等多方互动的复杂过程。多模态和符际翻译的视角有助于绘本译者更全面地考虑图文间的连贯、衔接和互动,从而将绘本中的故事和图像更好地呈现给目标读者。

参考文献

Baldry, A. & Thibault, P. J. *Multimodal Transcription and Text Analysis* [M]. London: Equinox, 2006.

Chin, C. *China's Bravest Girl: The Legend of Hua Mu Lan* [M]. Emeryville, CA: Children's Book Press, 1995.

Halliday, M. A. K. *An Introduction to Functional Grammar* [M]. 2nd edn. London: Edward Arnold, 1985/1994.

Hardy-Gould, J. *Mulan* [M]. Oxford: Oxford University Press, 2004.

Jakobson, R. On Linguistic Aspects of Translation [C]. // Reuben A. Brower. *On Translation*. New York: OUP, 1959/1966: 232 – 239.

Jiang, W. & Jiang, C. A. *The Legend of Mu Lan: A Heroine of Ancient China* [M]. Monterey: Victory Press, 1997.

Kress, G. & van Leeuwen, T. *Reading Images: The Grammar of Visual Design* [M]. London: Routledge, 1996.

Kress, G. & van Leeuwen, T. Color as a Semiotic Mode: Notes for a Grammar of Color [J]. *Visual Communication*, 2002, 1 (3): 343 – 368.

Kress, G. & van Leeuwen, T. *Reading Images: The Grammar of Visual Design* [M]. 2nd edn. London: Routledge, 2006.

Lathey, G. *The Translation of Children's Literature: A Reader* [M]. Bristol: Multilingual Matters Ltd., 2006.

Lathey, G. *The Role of Translators in Children's Literature: Invisible Storytellers* [M]. London & New York: Routledge, 2010.

Li, X. *Song of Mulan* [M]. Shanghai: Shanghai People's Fine Arts Publishing House, 2010.

Oittinen, R. From Thumbelina to Winnie-the-Pooh: Pictures, Words, and Sounds in Translation [J]. *Meta*, 2008, 53(1): 76 – 89.

Oittinen, R. On Translating Picture Books [J]. *Perspectives: Studies in Translatology*, 2010, 9 (2): 109 – 125.

Oittinen, R., Ketola, A. & Garavini, M. *Translating Picturebooks: Revoicing the Verbal, the Visual, and the Aural for a Child Audience*[M]. New York: Routledge, 2018.

O'Toole, M. *The Language of Displayed Art*[M]. London: Leceister University Press, 1994.

Painter, C., Martin, J. R. & Unsworth, L. *Reading Visual Narratives: Image Analysis of Children's Picture Books*[M]. London: Equinox, 2013.

Pereira, N. M. Book Illustration as (Intersemiotic) Translation: Pictures Translating Words [J]. *Meta*, 2008, 53(1): 104 – 119.

San Souci, R. D. *Fa Mulan: The Story of a Woman Warrior*[M]. New York: Hyperion Books for Children, 1998.

van Leeuwen, T. *Introducing Social Semiotics*[M]. London: Routledge, 2005.

Zhang, S. N. *The Ballad of Mulan*[M]. Union City, CA: Pan Asian Publications, 1998.

陈冬纯，陈芝敏. 基于新视觉语法的英汉儿童绘本叙事结构比较研究［J］. 西安外国语大学学报，2019，(4)：36 – 41.

蔡石兴. "走出去"背景下的绘本外译探究［J］. 上海翻译，2018，(1)：89 – 94.

方卫平. 享受图画书［M］. 济南：明天出版社，2012.

冯德正. 视觉语法的新发展：基于图画书的视觉叙事分析框架［J］. 外语教学，2015，(3)：23 – 27.

傅莉莉. 符际翻译视角下的儿童绘本翻译［J］. 北京第二外国语学院学报，2016，(3)：61 – 73.

郝广才. 好绘本如何好［M］. 南昌：二十一世纪出版社，2006.

李钺. 中国传统故事美绘本：花木兰［M］. 北京：知识出版社，2012.

孟玲. 英语儿童绘本叙事中死亡意义的多模态建构：《爸爸会很快回来吗?》多模态叙事分析［J］. 解放军外国语学院学报，2019，(1)：12 – 19.

彭懿. 图画书：阅读与经典［M］. 南昌：二十一世纪出版社，2006.

徐德荣，江建利. 论图画书翻译中的风格再造［J］. 中国翻译，2017，(1)：109 – 114.

赵秀凤，李晓巍. 叙事绘本中"愤怒"情绪的多模态转—隐喻表征：认知诗学视角［J］. 外语教学，2016，(1)：10 – 14.

郑勤砚. 绘本中华故事·民间传说：花木兰［M］. 南昌：二十一世纪出版社，2013.

朱自强. 儿童文学概论［M］. 北京：高等教育出版社，2009.

Translation of Picturebooks from a Multimodal Perspective: A Case Study of Picturebooks on Mulan

Chen Xi

Abstract: This paper investigates picturebook translation from a multimodal perspective. Based on the concept of intersemiotic translation (Jakobson, 1959) and the theories of multimodality (Kress & van Leeuwen, 1996, 2006; O'Toole, 1994; Painter, Martin & Unsworth, 2013), it examines both the texts and images in the translation of picturebooks and proposes a multimodal framework to analyze the images in picturebooks. The data is collected from three bilingual picturebooks adapted from the "Ballad of Mulan (*Mulan Ci*)". The research results show that the multimodal approach contributes to the understanding and interpretation of images and image-text relations in picturebooks. With the intersemiotic translation between texts and images in picturebooks, different images of Mulan are rebuilt through multimodal representations, which makes the Chinese classic revive in contemporary picturebooks.

Key words: Mulan, picturebook translation, multimodality, intersemiotic translation

《论语》英译本研究的功能语篇分析方法[*]

陈旸[**]

摘要：关于《论语》英译本翻译的研究，已经有很多学者采用不同的理论框架、从不同的角度做了很深入的探讨。本文的理论基础是系统功能语言学，采用的是功能语篇分析的方法，目的是探讨功能语篇分析对《论语》英译本翻译研究的可行性和可操作性。研究表明，从功能语篇分析出发研究《论语》英译本的翻译，可以揭示原来被忽略的重要学术问题。

关键词：语篇分析　《论语》　系统功能语言学

1. 引言

我们在《〈论语〉三个英译本翻译研究的功能语言学探索》（陈旸，2009a）一文中回顾了《论语》英译本的研究状况、《论语》三个英译本研究的功能语言学途径、《论语》三个英译本研究的可操作性探讨，并举例说明。本文采取功能语篇分析（黄国

---

[*] 原载《外国语文》2010 年第 1 期第 105 – 109 页。
[**] 陈旸，女，汉族，广东汕头人，华南农业大学外国语学院教授。

文，2001，2006；黄国文、葛达西，2006）的方法，探讨《论语》英译本研究的一种功能语篇分析方法，并通过例子分析说明，从功能语言学的角度研究《论语》英译本，无论在理论指导方面还是分析方法方面都会给我们的语篇分析和翻译研究带来启示。

2. 功能语篇分析方法

本文所说的"功能语篇分析"指的是采用 Halliday（如 1994）的系统功能语言学理论作为指导所进行的语篇分析。黄国文（2001，2006）以及黄国文、葛达西（2006）把在系统功能语言学理论框架中进行的语篇分析称为"功能语篇分析"（Functional Discourse Analysis），这个概念与 Eggins（1994：308 - 309，2004：328 - 329）所说的"系统语篇分析"（Systemic Text Analysis）基本是同义的。我们采用功能语篇分析的理论和方法，主要是出于以下三方面的考虑。

首先，由于语篇分析是一门尚未定性的学科，它没有一个单一的理论作指导，也没有普遍认同的研究方法和分析步骤（见黄国文，1988：7，2001：28；Hatch，1992：1；Schiffrin，1994：1）。因此，我们想尝试只用一种理论模式进行语篇分析。事实上，只用一种理论模式进行语篇分析的观点早已有人提倡过。黄国文（2001：29）曾经说过这么一句话："我国很多语篇分析者都是 Halliday 理论的支持者和应用者，但令人遗憾的是几乎没有一个学者在进行语篇分析时只用系统功能语法作为理论指导。"他在《语篇分析的理论与实践》（2001）中断言："系统功能语法完全可以作为语篇分析的理论框架，它是一种可操作性强、实用性强的语篇分析理论，它完全可以与 Schiffrin（1994）所说的六种理论（即 Speech act theory, Interactional sociolinguistics, The ethnography of communication, Pragmatics, Conversation analysis, Variation analysis——引者注) 媲美。"

其次，Halliday（1985：XV，1994：XV）告诉我们，他所建构功能语法（语言学）的目的之一是为语篇分析提供一个理论框架；在他看来，这个框架可以用来分析现代英语中任何口头语篇或书面语篇。他在谈到他的 *An Introduction to Functional Grammar*（1985，1994）这本书应该包括哪些方面的内容时原话是这样说的：In deciding how much ground to try to cover, I have had certain guiding principles in mind. The aim has been to construct a grammar for purposes of text analysis: one that would make it possible to say sensible and useful things about any text, spoken or written, in modern English.（Halliday，1994：XV）

最后，采用功能语篇分析的理论和方法研究典籍翻译，国内已经有一些学者做了有益的尝试，最早的是黄国文（2002a，2002b，2002c，2002d，2002e，2006）。这些年已经有越来越多的学者在这方面进行探讨（参见陈旸，2009b）。黄国文所研究的典籍翻译主要是诗词，而徐珺（如 2002，2003，2005）则是章回小说《儒林外史》。本文的研究对象是《论语》的几个英译版本。

Halliday（1985，1994）说他的系统功能语言学理论框架可以用来分析现代英语中任何口头语篇或书面语篇，而我国学者在对典籍翻译进行功能语篇分析时所研究的主要是古典诗词和章回小说。我们希望通过本文的研究表明功能语篇分析的理论和方法同样适用于对《论语》英译本翻译的研究。

3. 六个分析步骤

黄国文（2002e）在《功能语篇分析面面观》一文中介绍了

功能语篇分析的五个步骤：① 观察（Observation），② 说明（Interpretation），③ 描述（Description），④ 解释（Explanation），⑤ 评估（Evaluation）。事实上，这五个步骤在 2001 年中山大学外国语学院组织的第一届系统功能语言学活动周（Systemics Week）上已经做了说明（见戴凡、王振华，2002：257）。在这里，有关的"分析"没有作为一个步骤提出来，根据我们的理解，没有把"分析"单独列出来，是因为在功能语篇分析中，"分析"是渗透到每一个步骤的。

但是，我们发现，在《翻译研究的功能语言学探索》（黄国文，2006：19）中，"分析"作为一个步骤被明确列了出来，原先的"说明"被改为"解读"；英语还是"Interpretation"，但汉语做了改动。黄国文（2006：19）指出，功能语篇分析的实践表明，语篇进行分析大致有六个步骤：①观察，②解读，③描述，④分析，⑤解释，⑥评估。这六个步骤构成了一种语篇分析方法，也可用于研究译作和与翻译有关的问题。关于这几个步骤，黄国文（如2002e，2006）都做了解释，这里不赘述。在下面的讨论中，我们将在合适的地方说明有关步骤，并通过对《论语》的几个英译本翻译的研究来演示这些步骤。

3.1 观察

正如黄国文（2006：175）所说的，翻译研究者和语篇分析者一样，必须"具有一定的观察能力，并能断定某一语篇（译文）是否有被实际分析、研究的价值。从理论上说，每个翻译方面的问题或译作都有研究价值，都可拿来研究，每个译文都可以拿来评论，但在实践中，并不是每个问题或每个译文都会引起分析者的兴趣或符合分析者的研究目的和研究范围"。因此，在选择研究对象（语篇、文本、译文）时，我们首先要能观察到自己有兴趣并符合自己设定的研究目的的语篇、文本或译文。

在准备研究《论语》的英译本之前，我们发现，国内外出版的《论语》英文译本非常多。最早的是英国传教士 Joshua Marshman 的节译本 The Works of Confucius（1809），接着是另一位英国传教士 David Collie 翻译的 The Four Books（1828）。而 James Legge 翻译的 Confucian Analects 收入 1861 年在香港出版的 The Chinese Classics 第一卷，这个译本是第一个非常有影响力的译本，在国内外文化界和翻译界都得到很高的评价。继 James Legge 之后，国外不断有新的译本出现，例如：Arthur Waley（1938/1998/2005）、Ezra Pound（1951）、Thomas Cleary（1992）、Raymond Dawson（1993）、Simon Leys（1997）、Ames Roger & Henry Rosemont（1998）、Edward Slingerland（2003）等。

在国内，辜鸿铭于 1898 年推出第一个译本，此后一直有不同的译本出现。目前，较有影响的全译本包括刘殿爵（1979）、程石泉（1986）、丘氏兄弟（1991）、李天辰（1991）、老安（1992）、梅仁毅（1992）、潘富恩和温少霞（1993/2004）、赖波和夏玉和（1994）、王福林（1997）、黄继忠（1997）、李祥甫（1999）等。除了全译本外，还有一些有影响的节译本，例如林语堂（1938）、丁往道（1999）、马德五（2004）、王健（2004）、金沛霖和李亚斯（2005）、赖波和夏玉和（2006）等。[①]

通过观察，我们一方面了解了《论语》的英文翻译情况，另一方面我们还看到了不同译本之间存在的差异和相同之处。这就为我们的研究提供了素材和可以进一步探索的空间。

3.2 解读

要对一个语篇进行功能分析，首先要有解读该语篇的能力。

[①] 本里提到的《论语》英译本较多，且都是流传较广的版本，限于篇幅，不一一注明出版社，"参考文献"将不予列出。

对该语篇的文本和与文本有关的内容和因素（包括基本意义、含义、上下文语境、情景语境、文化语境等）都必须解读清楚并进行说明性分析。同时，通过解读进一步明确如何对该语篇进行功能语言学分析和解释。

就《论语》和它的英译本而言，首先要对原文进行深度的解读，参考《论语》研究专家的研究成果。这方面的文献浩如烟海，因此要有选择地阅读。一旦对原文有了一定的了解，我们就可以带着批评的眼光去审视作为研究对象的译本。此外，在解读《论语》和它的英译本的同时，可以限定主要的研究对象（译本），因为目前《论语》已经有很多英译本，如果全部都作为主要研究对象的话，无论在理论上还是在实际上都是不可能的。例如，我们发现，有些英译本是根据某一版本稍做一点改动编辑而成的，所以除非有特殊的研究目的，在分析过程中把这些版本平等对待是不合适的。

3.3 描述

正如黄国文（2002e：31）所说，"要对译文或翻译问题进行描述，必须有一定的理论基础做指导，在一定的理论框架中探讨问题，包括术语的使用。如果做不到这一点，那所做的分析就有可能是随想式、个人经验式的，没有系统性可言，别人也无法按照同样的方法再做一遍，当然也无法进行验证，因此也就说不上是科学的方法"。

由于本研究的理论指导是系统功能语言学框架中的语篇分析，所以我们的描述也是按照这一理论的原则和方法进行的。例如，我们接受系统功能语言学关于语言层次的假定，认为语言共有三个层次，即语义（Semantics）、词汇语法（Lexico-grammar）、音系/字系（Phonology/Graphology）；各个层次之间的关系是体现和被体现的关系。同时，我们认同"纯理功能"（概念功能、人际功能、语篇功能)的假说,认为一个小句是含着三股意义的有机构件的表达形式;因此,对一个小句可以进行概念功能(包括经验功能和逻辑功能)、人际功能、语篇功能分析。我们还遵照系统功能语言学对语境的分类,区分出文化语境、情景语境和上下文语境。在词汇语法(句法)分析方面,我们做的句法分析是为意义的表达服务的"功能句法分析",而不是为句法分析而分析的纯形式分析。(参见黄国文,2007)

3.4 分析

在功能语篇分析中,"分析"是一个重点,它贯穿在整个活动中。在"观察""解读""描述"的过程中,我们都会考虑到该从哪个角度去分析语篇。从理论上说,我们可以从不同的角度和不同的层面(包括音系/字系、词汇语法、语义、语用、语境)来分析一个特定的语篇,但"在实际分析中,在各个平面上对每个语篇进行分析往往是不经济的,甚至是不可能的"(黄国文,1988:37)。因此,我们的分析要根据研究的目的和范围来确定研究的重点,这样才能做到有的放矢。

我们不妨在这里举个例子做说明。

《论语》的"述而篇第七"(7.20)有这么一段:

(1) 子曰:"我非生而知之者,好古,敏以求之者也。"
(孔子说:"我不是生来就有知识的人,而是爱好古代文化,勤奋敏捷去求得来的人。")(杨伯峻,2008:114)

我们手头有好几个《论语》的英译本,这里把它们的译文抄录如下:

(2) The Master said, "I for my part am not one of those who

have innate knowledge. I am simply one who loves the past and who is diligent in investigating it."(Waley, 1999:71)

(3) The Master said: "I am not one who has innate knowledge, but one who, loving antiquity, is diligent in seeking it therein."(Soothill, 1995:36)

(4) The Master said, "I am not one who was born with innate knowledge. I am simply one who loves ancient culture and who is diligent in seeking it."(潘富恩、温少霞,1993:73)

(5) The Master said, "I was not born with knowledge but, being fond of antiquity, I am quick to seek it."(刘殿爵,2008:115)

(6) Confucius said, "I am not one who was born with knowledge, but one who loves antiquity and works hard to seek knowledge."(丁往道,2008:221)

(7) I was not born with innate knowledge, said the Master. Fond of history, I am eager in pursuit of the experience accumulated in it.(许渊冲,2005:31)

如果我们分析上面这些译文,就可发现,一方面它们有很多相似之处(可能是互相参考的原因),例如,译文(2)、(3)、(4)、(6)都是用"I am not one who…"[译文(2)在"one"后边有了"of those"],而译文(5)和(7)则用了"I was not born with…";有四个译文[即(2)、(3)、(4)、(7)]用"innate knowledge"来翻译"知",另外两个译文[即(5)、(6)]只用"knowledge"来翻译;对于"好"的翻译,有四个用动词"love/loving",另外两个用了形容词"fond";关于"求"的翻译,有四个译文使用了动词"seek/seeking",有一个用了动词"investigating",另一个则用了名词"pursuit"。

另一方面,通过比较这些不同译文,我们发现,对有些词语的翻译差异较大。例如,"古"既有翻译成"the past",也有译成"antiquity",还有翻译为"ancient culture"和"history"的。又如,"敏"在杨伯峻(2008:114)的今译中是"勤奋敏捷",在不同译文中分别被翻译成"diligent"(勤奋的)或"quick"(敏捷的)或"eager"(热切的)或"work hard"(勤奋地工作)。再如,六种译文中有五种用了直接引语(用引号表示),有一个用了自由直接引语(没有用引号);五种译文用"the Master"来翻译"孔子",但有一种用"Confucius"。

还有,原文的"知之"和"求之"中的"之"的所指不清楚,所以在不同的译文中有不同的处理方法。

通过分析不同版本的英语译文,我们看到了它们的相似之处和不同的地方,这样我们就有讨论的素材和证据了。

3.5 解释

一旦我们对语篇进行分析,我们要想办法对分析的结果进行"解释"。由于我们是在功能语篇分析的框架中讨论翻译问题,我们就必须试图在这个范围内对分析的结果进行解释。

第一,我们评估译文的标准是:译文是否传递了原文的意义。也就是说,我们重视的首先是意义的传达、表达,而不是形式的对等。这就是说,我们采用的是功能、意义的标准。第二,我们的讨论重点不是句子的"语法性"(grammaticality)或结构上的"正确性"(correctness),而是语言使用的"得体性"(appropriateness)。第三,在比较不同的语篇(译文)时,我们的重点应该放在"差异"(differences)方面而不是"相同"(similarities)方面。第四,对于典籍翻译的研究,我们应该把关注点放在"简单化"(simplification),也就是说,就语言结构而言,译文是否比原文更容易懂。

有了上面这四点认识,我们就可以比较不同的译文,并对它们之间存在的差异进行功能语篇分析的解释。

上面例（2）～（7）这六种译文存在差异，这主要是翻译过程造成的：不同的译者对同一个（原语）语篇的翻译肯定会有差异。同时我们必须认识到，把典籍翻译成现代语言（包括现代汉语），出现的差异就会更多。例如，上面例（1）中的"古"，在杨伯峻（2008：114）的今译中是"古代文化"，而蒋沛昌（1999：104）则将其解释为"指古代诗书礼乐文化"。又如，于原文中的"敏"，杨伯峻解释为"勤奋敏捷"，但陈小云（2007：136）则把它解释为"非常敏感、敏锐"。了解了中国古典文学界学者对《论语》的不同解读，也就明白为什么原文中的"古"分别被翻译为"the past""antiquity""ancient culture"和"history"等，当然也知道为什么原文的"敏"在我们所举的译本中分别译为"diligent"（勤奋的）、"quick"（敏捷的）、"eager"（热切的）和"work hard"（勤奋地工作）。

关于直接引语和自由直接引语的使用问题，只有许渊冲（2005）不使用直接引语形式；在许渊冲的整个翻译中，只有当同一段话里出现对话，才使用直接引语。试比较（许渊冲，2005：7）：

（8）子曰："君子不器。"（《论语》2.12）
（9）子贡问君子，子曰："先行其言而后从之。"（《论语》2.13）

An intelligentleman, said the Master, is not a mere implement.

When Zi Gong asked about the intelligentleman, the Master said, "One whose deeds precede his words."

在上面两个原文中，"君子不器"和"先行其言而后从之"都被当作直接引语；但在许渊冲（2005）的译文中，前者被译为自由直接引语（不使用引号），后者被译为直接引语（使用引号）。这是由整个译文的风格决定的。

对于用"the Master"或"Confucius"来翻译"孔子"的问题，从概念功能的经验意义角度看，它们都是指"孔子"。但从人际意义角度看，用"the Master"有了明显的人际评价意义，相当于称他为"圣人"，而用"Confucius"来翻译"孔子"则没有这种人际意义的含义。关于"古"和"敏"的解释，也可以从概念功能的经验意义和人际意义的不同角度进行分析和解释。

3.6 评估

"评估"是黄国文（2002e，2006）提出的功能语篇分析六个步骤的最后一个。根据Halliday（1994：XV）的说法，在做任何语篇分析的过程中，总有两个不同层次的目标需要考虑。一个是对语篇所表达的意义的解读，说明语篇是怎样表达意义的，以及语篇为什么会表达那种特定的意义。另一个目标是对语篇进行评价、评估，说明为什么某一语篇已经达到（或没有达到）它的既定目的，同时也说明该语篇在哪些方面是成功的，或在哪些方面不是很成功，甚至是失败的。第一个目标比较容易达到，第二个比较难达到。要达到第二个目标（对语篇进行评估），我们不但需要对语篇本身进行分析，而且要分析语篇的文化语境和情景语境，并探讨语篇与语境之间的各种可能的关系。因此，"评估"这个步骤是不容易做到的和不容易做好的。（参见黄国文，2006：176）

根据黄国文（2006：176）的观点，功能语篇分析中的六个步骤分别处在"客观—主观"这个连续体（Cline）上；相对而言，"观察"是最客观的，而"评估"则是最主观的。

我们在上面3.4中列举了《论语》的"述而篇第七"（7.20）中的一段话的六种不同的译文。我们在对它们进行"描述""分析""解释"后就可以进行"评估",即根据我们的分析对不同的译文做出评判。所依据的标准可以参考我们在前面"3.5 解释"中所提到的四个方面的因素,即译文是否传递了原文的意义?译文是否合适、得体?不同的译文的主要差异是什么?译文是否达到"简单化"的标准?

我们在进行"评估"时,主要的依据还是语言分析和语境分析。我们不妨还以"子曰:'我非生而知之者,好古,敏以求之者也。'"为例,简单说明怎样进行评估。如上所述,原文的"知之"和"求之"中的"之"的所指不明确、不清楚。对于这种情况,不同的译文中采取了不同的处理方法。例如,Waley(1999:71)把"知之"翻译为"have innate knowledge",把"求之"模糊翻译为"investigating it"。从字面意义看,"have innate knowledge"是"有天生的知识",即"天生就知道";在"investigating it"中,"it"的所指也不是很明确,它既可以回指前面的"innate knowledge",也可以回指前面的"the past"。除了丁往道(2008:221)和许渊冲(2005:31),其他几个译文都和 Waley(1999:71)做了一样的处理。原文"求之"中的"之"的所指不明确,丁往道(2008:221)把它明确翻译出来:"(seek) knowledge",这样做非常明白,符合"简单化"的标准。相比之下,许渊冲(2005:31)则把"敏以求之者也"翻译成"I am eager in pursuit of the experience accumulated in it";这里的"it"的所指应该是前面的"history",但从意思上看,与原文的意义有差距。因此,如果要进行评估的话,我们认为丁往道(2008:221)的译文最好,而许渊冲(2005:31)的最差;这里只是就一个句子而言。当然,这里的简单分析还不能完全说明哪一个译文好或哪一个译文不够好或不好,但从说明功能语篇分析的步骤角度看,我们的讨论已经足够了。

4. 结语

本文的讨论主要集中在《论语》英译本研究的一种方法，即功能语篇分析方法，主要是根据黄国文（2002e，2006）所提出的功能语篇分析的几个步骤，并联系《论语》英译的情况进行描述和讨论。

我们认为，功能语篇分析方法是一种可以用于译文研究的方法，因为它的理论模式，即系统功能语言学，特别注重语言的合适使用、语言的纯理功能、语言选择对意义表达的作用、语言与三个不同语境的内在联系。正如前面所说的，Halliday（1985，1994）撰写 *An Introduction to Functional Grammar* 的目的之一就是为语篇分析研究服务的。在我们的研究中，我们关注的是作为翻译成品的文本，也就是语篇。

对《论语》英译本的研究可以有很多种方法；就语言学的研究而言，也可以有系统功能语言学、认知语言学、语用学、社会语言学、文化语言学、历史语言学等途径。每一种途径都有它独特的视点和方法。采用哪一种途径和方法，要考虑的因素很多，包括研究目的、研究者对语言观和方法论的取舍和态度。因此，我们不能孤立地评判一种途径和方法比另一种好或差，重要的是，某一理论、途径和方法是否可以为我们设定的研究课题服务。

参考文献

Eggins, S. *An Introduction to Systemic Functional Linguistics* [M]. London: Pinter, 1994.

Eggins, S. *An Introduction to Systemic Functional Linguistics* [M]. 2nd edn. London: Continuum, 2004.

Halliday, M. A. K. *An Introduction to Functional Grammar* [M]. London: Arnold, 1985.

Halliday, M. A. K. *An Introduction to Functional Grammar*: [M]. 2nd edn. London: Arnold, 1994.

Hatch, E. *Discourse and Language Education* [M]. Cambridge: Cambridge University Press, 1992.

Schiffrin, D. *Approaches to Discourse*[M]. Oxford: Basil Blackwell, 1994.

Soothill, W. E. *The Analects*[M]. New York: Dover Publications, 1995.

Waley, A. 论语：汉英对照［M］. 长沙：湖南人民出版社，1999.

陈小云. 教女儿学《论语》［M］. 北京：团结出版社，2007.

陈旸.《论语》三个英译本翻译研究的功能语言学探索［J］. 外语与外语教学，2009a（2）：49－52.

陈旸. 汉语典籍英译研究的功能语言学模式述评［C］//黄国文，常晨光功能语言学年度评论. 北京：高等教育出版社，2009b.

戴凡，王振华. 系统功能语言学的发展和应用［C］//黄国文. 语篇·语言功能·语言教学. 广州：中山大学出版社，2002.

丁往道. 论语：汉英对照［M］. 北京：中国对外翻译出版公司，2008.

蒋沛昌. 论语今释［M］. 长沙：岳麓书社，1999.

黄国文. 语篇分析概要［M］. 长沙：湖南教育出版社，1988.

黄国文. 语篇分析的理论与实践：广告语篇研究［M］. 上海：上海外语教育出版，2001.

黄国文. 功能语言学分析对翻译研究的启示：《清明》英译文的经验功能分析［J］. 外语与外语教学，2002a（5）：1－6，11.

黄国文. 杜牧《清明》英译文的逻辑功能分析［J］. 外语与翻

译，2002b（1）：1-6.

黄国文.《清明》一诗英译文的人际功能探讨［J］.外语教学，2002c（3）：35-38.

黄国文.从语篇功能的角度看《清明》的几种英译文［C］//钱军.语言学：中国与世界同步.北京：外语教学与研究出版社，2002d.

黄国文.功能语篇分析面面观［J］.国外外语教学，2002e（4）：25-32.

黄国文.翻译研究的语言学探索：古诗词英译本的语言学分析［M］.上海：上海外语教育出版社，2006.

黄国文.系统功能句法分析的目的和原则［J］.外语学刊，2007（3）：39-45.

黄国文，葛达西. *Functional Discourse Analysis*［M］.上海：上海外语教育出版社，2006.

杨伯峻，刘殿爵.论语：中英文对照［M］.北京：中华书局，2008.

潘富恩，温少霞.论语今译［M］.济南：齐鲁书社，1993.

徐珺.《儒林外史》英汉语篇对比研究：系统功能语言学的尝试［J］.外语与外语教学，2002（12）：4-6.

徐珺.功能语法用于《儒林外史》汉英语篇对比研究：情景语境观［J］.现代外语，2003（2）：129-134，160.

徐珺.古典小说英译与中国传统文化传承［M］.长春：吉林出版集团有限责任公司，2005.

许渊冲.汉英对照论语［M］.北京：高等教育出版社，2005.

A Functional Discourse Analysis of English Translations of *Lun Yu*

Chen Yang

Abstract: The study of the English translations of *Lun Yu* has a long history and there have been interesting findings which are concerned with different aspects of translation studies. This paper takes a different approach (i. e. Functional Discourse Analysis) and utilizes important concepts in Systemic Functional Linguistics in the study of a number of translated versions of *Lun Yu*. The analysis in the paper shows that a functional approach to the study of translated texts can offer a new perspective in translation studies.

Key words: discourse analysis, *Lun Yu*, Systemic Functional Linguistics

《长相思》英译文评析：系统功能语言学视角

邓仁华　邓晓婷[*]

摘要：黄国文（2006）的《翻译研究的语言学探索》开创了中国古诗词英译评析的功能途径，然而这种途径的潜力还没有被充分挖掘出来，其应用范围有待进一步拓展。为此，本文从系统功能学的视角对白居易的《长相思》英译进行探讨，从三个元功能的角度对这首词的五个英译本进行对比评析，并在此基础上提出了一个改进版本。本研究在一定程度上丰富了功能语言学路径的翻译研究。

关键词：系统功能语言学　《长相思》　翻译研究

1. 引言

近年来，在"中国文化走出去"的背景下，我国一大批优

---

[*] 邓仁华,华南理工大学外国语学院副教授，研究方向：功能语言学、文体学、话语分析、翻译研究。

邓晓婷，华南理工大学外国语学院在读研究生，研究方向：功能语言学、翻译研究。

秀文学作品"走"出国门,"走"向世界,而作为我国文学宝库中的熠熠瑰宝,中国古诗词蕴涵着独特的魅力与艺术风格,是弘扬中华优秀传统文化不可或缺的重要一环,因此,古诗词英译对于"中国文化走出去"尤为重要。

自 Halliday 的《功能语言学导论》(1985)出版后,系统功能语言学理论日趋成熟与完善,有众多学者将该理论应用于翻译研究和实践,为翻译研究提供了新的研究视角和有力的理论支持。正如 Bell(1991:XV)所言,"如果翻译理论家不利用语言学的研究成果,他们对于文本的分析就难免失之客观,难免会带有规定性的色彩"。将系统功能语言学与唐诗英译相结合的研究已受到学界的广泛关注,但少有学者将该理论用于研究唐词的英译。因此,本文将基于 Halliday 所提出的系统功能语言学,以唐代著名诗人白居易的《长相思(汴水流)》及其五个英译本作为语料,对比分析不同译文的语言差异,探讨译文对原文的还原程度及其与原文之间的对等程度,从系统功能语言学中的三个元功能角度解读古诗词的英译,并以此检验该理论在翻译研究中的适用性。

2. 功能路径的翻译研究回顾

Halliday(1985,1994,2004,2014)所提出的系统功能语言学是一个普通语言学理论,该框架可应用于语篇(包括译文)的分析与评估。韩礼德的系统功能语言学模式是目前语篇分析中影响最大的分析模式(Munday,2001:88)。自功能语法提出以来,国内外越来越多学者注意到该理论与翻译研究的相通之处和互补性,并尝试将功能语言学作为翻译研究的理论框架和理论支撑,"因为功能语言学的最大关注点与翻译的目的一样,都是运用语言进行交际"(张美芳,2005:15)。Halliday(1985,1994)

总结出三大纯理功能，即概念功能（包括经验功能和逻辑功能）、人际功能和语篇功能，系统地概括了语言在交际中的功能与作用。胡壮麟等（1989：188）学者认为，"在一般情况下，好的译文需在这三种意义上都与原文对等"。黄国文（2014：120）在探讨"如何将系统功能语法理论运用于翻译研究"时指出，可以运用该理论从语言学视角为评判译文质量提供一个标准，例如通过三个元功能系统考察原文与译文间是否达到功能的对等。许多学者拓展了功能语法视角下的翻译研究，如 Hatim 和 Mason（1990，1997）强调语篇功能和人际功能在翻译研究中的作用，并对"语境"进行细分；张美芳（2001）将功能语篇分析应用于翻译研究；司显柱（2005）从功能语言学的角度提出了翻译质量评估模式；李发根（2007）研究功能语法中"小句"理论对翻译的实用性；等等。

在翻译界众多学者的努力下，汉语典籍英译研究发展迅速，古诗词英译研究在其中占了较大比重，相关的研究聚焦于翻译批评、不同译文涉及的翻译策略与风格等方面，"但文学翻译评估仍然缺乏一套系统的理论框架"（张茂松，2019）。同时，国内有部分学者尝试从功能路径研究古诗词英译问题，并取得了一系列的研究成果，如黄国文（2002a，2002b，2006）等。系统功能语言学对古诗词的英译研究提供了新的研究角度，但该理论的作用及影响在汉语典籍英译中还没有引起足够的关注和重视。

文献综述表明，系统功能语言学理论已趋于成熟与完善，越来越多学者将功能语法作为翻译研究的理论框架，但该理论在古诗词英译研究中的应用相对较少，仍有较大的探讨空间。

3.《长相思》五个英译本的对比分析

本文基于系统功能语言学理论，分别从三个元功能入手对比分析白居易的一首小词《长相思》及其五个英译本（赵彦春，1996：33；龚景浩，1999：5；许渊冲，2003：17；许渊冲，2006：17；陆钰明，2017：68），试图从功能途径对多个版本的译文进行评析和解读。为叙述方便，下文分别以赵译、龚译、许译1、许译2、陆译表示这五种译文。

3.1 《长相思》创作背景及原文分析

《长相思》原文：

汴水流，泗水流，流到瓜州古渡头。吴山点点愁。　　思悠悠，恨悠悠，恨到归时方始休。月明人倚楼。

这首词是唐代诗人白居易的代表词作之一，形式短小精炼，耐人寻味，但对于该词的理解历来却颇具争议。关于该词的主题解读，唐圭璋（1988）的《唐宋词鉴赏辞典》、党圣元（2016）的《唐宋词名篇评析》以及王锺陵（2017）的《唐宋词鉴赏》均认为这首词属于"闺怨"题材，抒发了闺中少妇对丈夫的思念。结合诗人自身的感情生活来看，笔者比较认同《白居易选集》（王汝弼 1980：10）及《白居易诗歌赏析》（马玮，2017：307）对该词主题的解读：诗人白居易因其侍妾樊素的离去十分伤感，于是写下《长相思》一词以抒发相思之痛和离别之苦。故此词并非以"闺怨"为主题，而应为"别情"主题。

本词可分为两个层次。第一层写景：流动的汴水和泗水流到瓜州古渡口，江南群山仿佛凝聚着无限的哀愁；第二层抒情：描写了主人公的思念和哀愁延绵无尽，一轮皓月下独自倚楼相思。

3.2 经验意义分析

经验意义包含多个语义系统，而及物性系统无疑是其中最重要的一个部分,因而本篇对经验意义的分析主要围绕及物性分析进行讨论。Halliday（2014）把人的世界经验概括为少数几个可控的过程类型,包括物质过程、心理过程、关系过程、言语过程、行为过程、存在过程。从及物性角度来看,《长相思》一词主要由两类过程组成:

（1）物质过程:"汴水流""泗水流""流到瓜州古渡头""恨到归时方始休""月明人倚楼";

（2）关系过程:"吴山点点愁""思悠悠""恨悠悠"。

黄国文（2006:21）指出,进行及物性分析时,一旦确定了过程类型,就要确定参与者及环境成分。在（1）物质过程中,"汴水""泗水""恨"和"人"为动作者,"到瓜州古渡头"表示目的地,"到归时""月明"表示时间,而"(倚)楼"表示方式,它们都是"环境成分";在（2）关系过程中,"吴山"、"思"和"恨"是"载体"（参与者）,"点点愁"和"悠悠"为"属性"。表1总结了上述过程类型及其涉及成分:

表1　《长相思》原词及物性分析

小句1 （及物性分析）	汴水 [动作者]	流 [物质过程]	——
小句2 （及物性分析）	泗水 [动作者]	流 [物质过程]	——
小句3 （及物性分析）	—— [动作者]	流 [物质过程]	到瓜州古渡头 [环境成分]
小句4 （及物性分析）	吴山 [载体]	—— [关系过程]	点点愁 [属性]

（续上表）

小句 5 （及物性分析）	思 [载体]	—— [关系过程]	悠悠 [属性]	
小句 6 （及物性分析）	恨 [载体]	—— [关系过程]	悠悠 [属性]	
小句 7 （及物性分析）	恨 [动作者]	到归时方始 [环境成分]	休 [物质过程]	
小句 8 （及物性分析）	月明 [环境成分]	人 [动作者]	倚 [物质过程]	楼 [环境成分]

在小句1和2中，赵译、龚译和陆译均将译文处理为物质过程，表现出汴水和泗水的动态感和流动感，与原文保持一致；而许渊冲先生的两种译文则调整了叙述角度，把人作为"感觉者"，用see体现心理过程，Northern river flow 和 the Bian River flow 因此变为了被感知的"现象"，原文中所强调的流动性和动态感被弱化，突出了感觉者的心理活动。以下是这两个小句的译文：

Waters of the Bian flow / Waters of the Si flow （赵译）
The River Pian flows / The River Si flows （龚译）
River Bian flows / River Si flows （陆译）
See Northern river flow / And Western river flow （许译1）
See the Bian River flow / And the Si River flow （许译2）

在小句3中，五个译文均处理为物质过程（go/flow），其中对环境成分的表达也十分明确,即使对于环境成分"瓜州古渡头"的译法各有不同,但整体上都与原文所表达的意义保持一致。

在小句 4 中,赵译(The hills in Wu bow in sorrow)所用的 bow 以及许译 2 (The Southern hills reflect my woe)的 reflect 都表示物质过程,其中赵译中的 bow 表达"点头"的意义,"愁"则用方式 in sorrow 表达出来,而原文中的"点点"应指"点缀""错落",因此在意义上与原文相差较大;reflect 表达"体现"之意,而原文并未直接体现这层含义,属于在原文意义上的延伸。龚译(With the Wu Mountains dotted with gall)中的 with 引导的介词短语,属于小句 3 的从属部分,故整个小句都属于环境成分,在结构上与原文有出入。只有许译 1 (The Southern hills dotted with woe)及陆译(The Wu hills, dots of sorrow)将其处理为关系过程,点明了吴山寄托着诗人的哀愁(据历史记载,吴山即坐落于诗人的侍妾樊素家乡杭州),准确表达了原文的含义。

在小句 5 和 6 中,只有赵译(My longing seems to grow / My grieving seems to grow)选择了关系过程,表达思念与哀怨绵延不断的状态,重现原文的意义。而龚译(The thought of you lingers / My regret meanders)和许译 2 (My thoughts stretch endlessly / My grief wretches endlessly)则将其处理为物质过程,但 lingers 表示"徘徊""逗留"之意,meanders 表示"迂回""曲折"的意思,并没有将"绵延""悠长"之意表达出来,许译 2 增加了表示方式的副词 endlessly 以表达"悠长不绝",更为贴近原文意义,但是 wretches 通常用作名词,表示"悲惨的人",在此用法不妥。许译 1 (O how can I forget / How can I not regret)表示心理过程,陆译(Missing you so / And regrets grow)则选择了心理过程和关系过程,突出感觉者的心理状态,强调了"思"与"恨",但淡化了思念与怨恨的悠长不绝的属性。

在小句 7 中，赵译（Grow until comes back my yokefellow），陆译（Till you come back my grievance continues），许译 1（My deep sorrow will last till with you I have met）及许译 2（So thus until my husband comes to me）都选择了关系过程，把小句的重心放在表示时间的环境成分与"休"这个动作之间的关系上，强调"伊人归来"这个条件，表达对樊素浓烈的思念之情，其中赵译和许译 1 在环境成分中运用倒装手法使得这种强调更为突出。而龚译（They will only cease when you return）则将其处理为物质过程，强调"休"这个动作，将"到归时"作为时间条件，这两种过程在意义传递中较为相近，都较好地表达出原文的情感内涵。

在最后一个小句中，赵译（We lean on the rail in moonglow），龚译（In a bright moon I lean up high against the window）和许译 1（Waiting from moonrise to moonset）都处理为物质过程，但赵译的动作者是 we，表示待伊人归来一同倚楼远眺，而龚译和许译 1 的动作者是 I，表示诗人独自倚楼怀念爱人，但许译 1 用 waiting 表达等待、期盼爱人归来之意，而原文并未直接体现这层含义，属于在原文意义上的延伸。许译 2（Alone on moon-lit balcony）较许译 1 更为贴近原文大意，但表示关系过程，强调"独自"的状态及其与"月明""楼"等表时间地点之间的关系，而弱化了"倚"这个动作过程。陆译（A bright moon, a longing lady against the window）省略了动词（is/leaning），可以理解为关系过程或物质过程，但动作者 a longing lady 与原词的理解不相符，结合诗人自身的情感生活来分析，"倚楼人"应为白氏。

以上分析表明，译文采用不同的过程会影响意义的表达和对原文意义的重现，即使是相同的过程，各成分选词的差异也会产生不同的效果。因此，为更好地实现原文与译文之间的功能对等，应仔细揣摩原文小句的过程及各个成分，选词造句应尽量贴近原文的意义与结构。

3.3 人际意义分析

语言是人际交往中常用的沟通媒介，而人际意义是指交际双方通过语言表达看法和态度，进行人际交往。其中语气系统是体现交互功能的核心，包含陈述语气、疑问语气和祈使语气。

《长相思》的叙述者可视作诗人白氏，读者为各年代读这首词的人；本词涉及的人物是最后一个小句中的倚楼"人"，指诗人；所涉及的背景有地点（"汴水""泗水""瓜州古渡头""吴山"）、情景（"月明"）、人物情感（"思""恨"）和时间（"到归时"）。

原词共八个小句，均为陈述语气。"特定的形式表达特定的意义，形式是意义的体现。"（黄国文，1999：106 – 115）译文的语气不同会影响意义的表达和读者的阅读体验，例如，赵译、龚译、许译 2 和陆译全篇使用了陈述语气，表示描述意义。许译 1 的小句 5 和 6 则选择了疑问语气（O how can I forget / How can I not regret），以特殊疑问句来表达"思悠悠，恨悠悠"，凸显了强烈的情感，相比之下原文更为内敛含蓄。五种译文在小句 7 "恨到归时方始休"中都选择了陈述语气，但对人称的处理略有不同：龚译、许译 1 和陆译使用第二人称 you，此时叙述视角是诗人向其侍妾表露情感，接收者是诗人的情感寄托对象，读者的代入感会更强；赵译（my yokefellow）和许译 2（my husband）使用第三人称，此时叙述视角是诗人向读者讲述自己的情感，许译 2 将原句理解为"闺怨"主题，反映"女思男"的情感，但结合诗人自身的感情经历，原句表达的应为"男思女"的情感。

以上分析表明，译者应尽量做到译文语言和原文语言的人际意义对等，考虑到目标读者的阅读期待和阅读感受，使用恰当的语气表达意义。

3.4 语篇意义分析

在主位结构方面，表2分析了原词中八个小句的主述位：

表2 《长相思》原词的主位分析

小句	主位	述位	小句	主位	述位
小句1	汴水	流，	小句5	思	悠悠，
小句2	泗水	流，	小句6	恨	悠悠，
小句3	（汴水、泗水）	流到瓜州古渡头。	小句7	恨	到归时方始休。
小句4	吴山	点点愁。	小句8	月明	人倚楼。

其五种英译本的主述位情况大致可分为三类：由"参与者"充当主位（如赵译：*Waters of the Bian* flow）；由过程充当主位（如许译1：*Waiting* from moonrise to moonset）；由连接词加上参与者充当主位（如陆译：*And regrets* grow；许译2：*So thus until my husband* comes to me）。

主述位结构可以体现作者或译者对于语篇架构的理解，也能在一定程度上反映出语篇意义。例如，在最后一个小句的英译中，陆译（*A bright moon*, a longing lady against the window）和龚译（*In a bright moon* I lean up high against the window）的主位都是"月明"，突出了特定的环境成分——通常"月明"常用于家人团聚的情景，从而更凸显了"人倚楼"时的孤单与凄凉，此处主位的选择在抒发情感上是比较含蓄委婉的；许译2（*Alone* on moon-lit balcony）的主位是表示方式的环境成分，突出倚楼人的状态，相比原文显得更为直接；许译1（*Waiting* from moonrise to moonset）的主位是物质过程，而原文并未表明倚楼人处于等待的状态，因此属于原文在意义上的延伸，述位上表示时间的环境成分相比原文更为具体，意在突出"等待"这个动作延续时间之长。

从衔接角度看，该词的五种英译本所涉及的衔接手段如下：第一，赵译多用词汇衔接（重复），如在第二和第三个小句中（Waters of the Si *flow* / *Flow* to the old ferry of Guazhou），重复使用flow，不仅仿照了原文的押韵手法，使译文读起来更有韵律，同时长元音的重复使得译文的节奏如河流一般舒缓，符合原文的基调；第二，龚译多用（人称）照应，如第七个小句中（*They* will only cease when you return）They 指上文的 The thought of you 和 My regret；第三，许译 1 和陆译都多用连词（如陆译：*Till* you come back my grievance continues）和省略（如许译 1：*Waiting* from moonrise to moonset），使译文更为连贯简洁；第二，许译 2 多用连接（如：*And* the Si River flow 与 *So thus until* my husband comes to me）和省略（如：*Alone* on moon-lit balcony 中省略了主语及谓语动词）。

因此，在语篇中，主述位结构不同会产生不同的效果，所强调的内容也随之发生改变。在古典诗词英译当中，在不影响其他要素的前提下为尽量达到与原文的主述位结构一致，可适当选择合适的衔接手段以提升语篇的流畅度和连贯性。

3.5 逻辑意义分析

Thompson（2004/2008）将逻辑功能单独列出，使其与以上三个意义并列。根据系统功能语法，我们可以从小句间的相互依赖情况和逻辑－语义关系两个方面进行分析。《长相思》包含两个小句复合体，皆为"并列关系：增强关系"：①"汴水流，泗水流，流到瓜州古渡头"；②"思悠悠，恨悠悠，恨到归时方始休"。其余为简单小句：①"吴山点点愁"；②"月明人倚楼"。

除许译 1 外，其他英译本均把小句复合体处理为"并列关系：增强关系"，与原文的逻辑关系保持一致，如赵译（My longing seems to grow / My grieving seems to grow / Grow until comes back my yokefellow）中各小句之间是并列的关系，且前后之间存在增强意义，补充了表示时间的信息。许译 1 的第五和第六个小句中（O how can I forget / How can I not regret）使用的是简单小句，但在意义上存在并列关系；第七个小句（My deep sorrow will last till with you I have met）是一个主从关系的小句复合体，重现了原词的逻辑-语义关系，但其与上下文中的简单小句的逻辑关系并不紧密，缺少连词和表示递进意义的副词以加强上下文之间的语义关联性。

从逻辑意义角度看，译者应重视语篇中小句之间的逻辑关系和语义关系，采用恰当的语言形式来体现译文的逻辑功能，注重小句（或小句复合体）之间的连贯性。

3.6 改译版本及其分析

基于以上分析，笔者提出了一个改译版本：

Everlasting Longing

Waters of the Bian flow,
Waters of the Si flow,
Flow to the old ferry of Guazhou,
Even Wu Hills are dotted with my endless sorrow.
My grievances grow,
As my yearnings grow,
Grow until comes back my yokefellow,
Yet still leaning on the rail alone in moonglow.

该译文的及物性系统与原文基本保持一致,以求在形式与意义上更贴合原词,下面是对译文及物性的具体分析:

小句1:Waters of the Bian [动作者] flow [物质过程]

小句2:Waters of the Si [动作者] flow [物质过程]

小句3:Flow [物质过程] to the old ferry of Guazhou [环境成分]

小句4:Even [环境成分] Wu Hills [载体] are dotted [关系过程] with my endless sorrow [属性]

小句5:My grievances [载体] grow [关系过程]

小句6:As my yearnings [载体] grow [关系过程]

小句7:Grow [关系过程] until comes back my yokefellow [环境成分]

小句8:Yet still [环境成分] leaning [物质过程] on the rail alone in moonglow [环境成分]

在人际意义上,笔者考虑到该词的叙述者为诗人白氏,且原词在表达情感上采用了较为委婉含蓄的方式,故译文采用陈述句以描写环境与内敛地描述情感。在语篇意义上,译文的主位选择与原文主位基本保持一致,仅小句8的主位与原文主位略有不同,其原因主要在于意欲与前一个小句押韵,故在该小句的主位选择上做了一定调整。改译的版本根据原意增加了连词(如as和yet)和加强语气意义的副词(如even和still),使译文在语义上更为连贯并可引导读者体会作者寓情于景的用心。此外,在逻辑意义上,译文的小句复合体是"并列关系:增强关系",清晰地表现了原词小句间的逻辑–语义关系。

4. 结语

由于篇幅有限,本文仅简要从三大元功能(意义)的视角对《长相思》及其五个英译本进行对比分析。通过以上论述可知，从功能路径进行翻译研究具有较强的可操作性；系统功能语言学理论相对完善，可以为翻译研究提供理论框架，可广泛应用于翻译批评、实际翻译等实践中。上述分析表明，从系统功能语言学的视角出发，《长相思》的五种英译本在一定程度上实现了与原文在经验意义、人际意义、语篇意义和逻辑－语义意义上的对等，但仍有可改善之处。毫无疑问，将系统功能语言学应用于翻译研究具有重要意义；在古典诗词英译当中，译者应对原诗词的创作背景和及其传达的意义有清晰的理解，在翻译中要力求再现诗词的原义，使读者在阅读译文时能获得近似阅读原作的体验。

参考文献

Bell, R. T. *Translation and Translating: Theory and Practice* [M]. Harlow: Longman, 1991.

Halliday, M. A. K. *An Introduction to Functional Grammar* [M]. London: Arnold, 1985.

Halliday, M. A. K. *An Introduction to Functional Grammar* [M]. London: Arnold, 1994.

Halliday, M. A. K. & Matthiessen, C. *An Introduction to Functional Grammar* [M]. 3rd edn. London: Arnold, 2004.

Halliday, M. A. K. & Matthiessen, C. *Halliday's Introduction to Functional Grammar* [M]. 4th edn. London & New York: Routledge, 2014.

Hatim, B. & Mason, I. *Discourse and the Translator* [M]. London: Longman, 1990.

Hatim, B. & Mason, I. *The Translator as Communicator* [M]. London: Routledge, 1997.

Munday, J. *Introducing Translation Studies: Theories and Applications* [M]. London and New York: Routledge, 2001.

Thompson, G. *Introducing Functional Grammar*: [M]. 2nd edn. London: Hodder Education. / Beijing: Foreign Language Teaching and Research Press, 2004/2008.

党圣元. 唐宋词名篇评析 [M]. 北京：商务印书馆, 2016.

龚景浩. 英译中国古词精选 [M]. 北京：商务印书馆, 1999.

胡壮麟，朱永生，张德禄. 系统功能言语法概论 [M]. 长沙：湖南教育出版社, 1989.

黄国文，辛志英. 什么是功能语法 [M]. 上海：上海外语教育出版社, 2014.

黄国文. 杜牧《清明》英译文的逻辑功能分析 [J]. 外语与翻译, 2002a (1): 1-6.

黄国文. 翻译研究的语言学探索：古诗词英译本的语言学分析 [M]. 上海：上海外语教育出版社, 2006.

黄国文. 功能语言学分析对翻译研究的启示：《清明》英译文的经验功能分析 [J]. 外语与外语教学, 2002b (5): 1-6, 11.

黄国文. 英语语言问题研究 [M]. 广州：中山大学出版社, 1999.

李发根. 认知语法和功能语法小句理论与翻译 [J]. 外语教学, 2007 (5): 18-21.

陆钰明. 诗歌翻译中的审美转移：以白居易《长相思》的英译为例 [J]. 东方翻译, 2017 (03): 64-69.

马玮. 白居易诗歌赏析 [M]. 北京：商务印书馆, 2017.

司显柱. 功能语言学视角的翻译质量评估模式：兼评《孔乙己》英译文本翻译质量 [J]. 解放军外国语学院学报, 2005 (5): 60-65.

唐圭璋. 唐宋词鉴赏辞典［M］. 上海：上海辞书出版社，1988.
王汝弼. 白居易选集［M］. 上海：上海古籍出版社，1980.
王钟陵. 唐宋词鉴赏［M］. 成都：四川辞书出版社，2017.
许渊冲. 汉英对照唐宋词三百首［M］. 石家庄：河北人民出版社，2003.
许渊冲. 最爱唐宋词［M］. 北京：中国对外翻译出版公司，2006.
张茂松. 及物性系统视阈下的诗歌翻译评估研究［D］. 重庆：西南大学，2019.
张美芳. 从语篇分析的角度看翻译中的对等［J］. 现代外语，2001（1）：78–84.
张美芳. 翻译研究的功能途径［M］. 上海：上海外语教育出版社，2005.
赵彦春. 论中国古典诗词英译［J］. 现代外语，1996（2）：31–36.

The Evaluation of the Translation of *Everlasting Longing* from the Systemic-Functional Perspective
Deng Renhua   Deng Xiaoting

Abstract: Huang's (2006) *Linguistics Explorations in Translation Studies* has ushered in a functional approach to the evaluation of English translations of ancient Chinese poems and lyrics. Yet the potential of this approach has not been fully explored and its application demands further expansion. To this aim, this paper approaches the translation of Bai Juyi's *Chang Xiangsi* (*Everlasting Longing*) from the systemic-functional perspective. Five translated texts of the lyrics are compared and critiqued from the perspective of the three meta-functions, on the basis of which another improved version is proposed. It is hoped that this study will contribute in some way to the expansion of the functional linguistic explorations in translation studies.

Key words: Systemic-Functional Linguistics, *Everlasting Longing*, translation studies

唐代咏物生态诗篇《在狱咏蝉》与语类翻译

李发根*

摘要：人类生态学强调生态规律对人类活动的指导作用，并指出要从科学、政治、社会等方面来协调和解决人类面临的环境问题，促进人类社会与生态环境的和谐发展。当下，从事生态语篇翻译显得尤为重要，一是传播生态思想，二是传播生态文化，三是推动生态翻译理论的发展。生态语篇翻译理论既能为协调解决人类面临的环境问题提供参考作用，也能为翻译本体论提出一种可操作性的语类翻译方法。本文在概述唐代咏物生态诗篇的题材、体裁和特点之后，运用语类翻译理论，着重对"初唐四杰"之一骆宾王的《在狱咏蝉》及其两篇英译文的内容、形式、音律进行对比分析，以期说明语类翻译是体现翻译要求和翻译标准的最佳尺度，是达到良好翻译效果的最佳途径。

关键词：咏物　生态　语类　翻译

＊ 李发根，南昌理工学院外国语学院教授，博士，研究方向：功能语言学、话语分析、翻译。

1. 引言

生态学是研究生物和人与环境之间的相互关系，研究生态系统和人类生态系统的结构、功能及过程的一门学科。生态学已不再局限于生物学和自然科学，而是渗透到社会科学，成为联系自然科学与社会科学的桥梁。生态学已经成为一门综合性学科，它涉及分类类群、生物组织层次、研究方法、栖息地类型、应用领域、交叉学科等方面的研究。按分类类群来划分的话，生态学可分为植物生态学、动物生态学、微生物生态学、人类生态学等。人类生态学研究人与自然环境的协调发展，与生物圈的相互作用，强调人类的活动要遵循生态规律，人类面临的环境问题要从多方面来协调解决，最主要的是从社会、政治、科学方面来协调解决，由此促进人类社会与生态环境和谐发展。

语类是指语篇具有三大元素的种类，即语篇的共同特征、特点和自身的性质。语类具有三大特点：①语类是社会文化的产物，②每种语类都有一个总体目标，③每种语类总体目标与语场、语旨、语式的配置有关（李发根，2016：117）。在翻译文学作品时，我们假定文学是个大语类，子类有诗歌、散文、戏剧、小说等门类，门类又可分为类，即子子类。就唐诗体裁分类而言，其子子类有律诗、古诗、乐府、绝句等。对不同的子类，其翻译要求、标准也不相同。

本文运用语类翻译理论，着重对"初唐四杰"之一骆宾王的《在狱咏蝉》及其两篇英译文的内容、形式、音律进行对比分析，以期说明语类翻译是体现翻译要求和翻译标准的最佳尺度，是达到良好翻译效果的最佳途径。

2. 唐代咏物生态诗篇概述

唐代诗坛犹如春天的百花园，各类花卉，万紫千红，各有其美好的姿态与诱人的芬芳。从题材看，除政治诗、边塞诗、山水诗外，其他如友情、送别、行旅、宫（闺）怨、咏史、咏物、登临、怀古、访隐等，均有题咏；就体裁看，有五言古诗、七言古诗、乐府、五言律诗、七言律诗、五言绝句、七言绝句。就艺术成就看，著名诗人各有自己的独到造诣，高棣《唐诗品汇》总序云："李翰林之飘逸，杜工部之沉郁，孟襄阳之清雅，王右丞之精致，储光羲之直率，王昌龄之声俊，高适、岑参之悲壮，李颀、常建之超凡，此盛唐之盛者也。"盛唐诗歌的主要风貌特征可以归纳为八个字"笔力雄壮，气象浑厚。"笔力雄壮乃指"笼天地于形内，挫万物于笔端"的强大表现力，气象浑厚则更主要地指向作品的内涵与精神面貌（余恕诚，2003：73–86）。

咏物诗，是以物为吟咏对象的诗歌，主要是植物（如花草树木）、动物（如禽兽）、自然风物（如日月风云）、器具（如各种摆设物、玩具）等。唐代咏物生态诗篇的显著特点是：第一，表现了鲜明的社会风尚和时代色彩，如刘禹锡的《咏牡丹》，杜牧的《早宴》，曹邺的《官仓鼠》等。第二，在咏物中自觉地抒情言志，咏物以干谒，咏物以抒愤，咏物以言理，咏物以见情趣。第三，体裁、风格和手法多种多样。从体裁来说，咏物言志诗篇大多是篇幅短小的绝句、律诗，但也有篇幅相当长的古诗和歌行体。就风格来说，有的才气纵横，气吞山河；有的纤弱抑郁，思缜词密；有的清幽雅致，遐想宜人；有的诙谐爽朗，不沾不着；有的辛辣刻薄，力透纸背……可谓百花齐放，各显绝招，各臻绝境。就表现手法来说，许多作品是相当讲究的，主要的表现手法有：巧喻，以此去摹物写志；衬托，着力描绘他物对所咏之物的陪衬或反衬作用；移情，移情人物，物拟人化；用典，咏物与咏史的巧妙结合（陈新璋，2000：6-10）。

依据语类理论，如果我们把唐诗看作一个大语类，唐代咏物生态诗篇就是一个子语类，本文要讨论的唐代才子骆宾王的《在狱咏蝉》及译文就属于子语类。在翻译过程中，必须以最基本类别为翻译单位，才能更好地了解其语篇的性质、特征和特点，以体现不同类别的语篇所具有不同的翻译要求和不同的标准，就是同属文学类的语篇也是如此。许渊冲（2001：12-13）在《汉英对照唐诗三百首》的序中写道，"我把中国学派的文学翻译理论总结成了十个字：'美化之艺术，创优似竞赛'。"此理论用于唐诗翻译恰如其分。

3.《在狱咏蝉》生态诗篇语类分析

五言律诗《在狱咏蝉》由初唐"四杰"之一骆宾王（约601—684）所作。骆宾王，婺州义乌（今浙江义乌市）人。曾任长安主簿，侍御史。因上书议论朝政，触怒武后而被诬下狱。他有满腹的冤屈无处申诉，正好狱中有几棵古槐，树上秋蝉正吟，触动了他的感慨，写下了这首诗和这首诗的序言：

西陆蝉声唱，南冠客思深。不堪玄鬓影，来对白头吟。露重飞难进，风多响易沉。无人信高洁，谁为表予心？

诗的大意是：深秋的寒蝉在狱外不停地长鸣，触动了我在牢房中的思乡之情。哪禁得住两鬓乌玄的蝉影对我这白发老人吟唱垂亡之调。秋露重重，打湿了蝉的双翼使之难以奋飞，秋风强劲，压过蝉的鸣叫声，从而使之变得低沉。有谁相信我如秋蝉清廉高洁，又有谁来替我雪冤呢？

该诗篇通过咏蝉，悲痛地抒发了诗人含冤入狱的感受，流露了对迫害他的恶势力的愤懑，并希望友人们相信他的清白，替他辩白冤屈。

《在狱咏蝉》属于五言格律诗，必须依照格律写。近体诗格律，包括三个部分：一是用韵（押韵），二是平仄安排，三是对仗。用韵的规则有五点：第一，不论是绝句还是律诗，一首诗的第一句既可用韵，也可不用韵。当然也准许用邻韵。第二，除第一句外，用韵只限偶数句，不能在奇数句用韵，律诗的三、五、七句不能用韵，并且在这些句子的末一字限用仄声字。第三，一首诗一般只能用同一韵母的字当韵，有必要时也可用邻韵。第四，一首诗用韵的字不能重复。第五，用韵的字限用平声，不能平仄混用。近体诗的平仄格律，包括三点：第一，句子平仄交错；第二，句间平仄对立；第三，联间平仄相粘。对仗只适用于律诗。律诗由八句组成，每两句称为一联，第一、二句称为首联或起联，第三、四句称为颔联，第五、六句称为颈联，末两句称为尾联。其中的颔联和颈联，要求对仗，也就是成为两副对联。这两副对联，上句叫出句，下句叫对句。每联出句和对句的词组结构和词性都要求相对。据此，我们对《在狱咏蝉》做如下分析（见图1）：

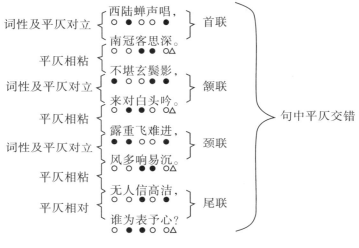

图 1 《在狱咏蝉》格律示意图

此诗采用对起法,开首两句就对,并且对得很工整,全诗无论是用韵,平仄安排,还是对仗,完全遵守了近体诗的五点规则,句子平仄交错、句间平仄对立、联句间平仄相粘的三大格律要求和颔联、颈联对仗及词组结构和词性相对的要求,可谓达到鲁迅在《自文字至文章》一文中所说的"意美、音美、形美"。

许渊冲和杨宪益、戴乃迭分别对骆宾王的《在狱咏蝉》进行了翻译,我们不妨将这两种英译文对照原语篇在内容、形式、音律等方面进行比较和分析,以求得以语类为翻译单位的优势,说明语类翻译是体现翻译要求和翻译标准的最佳尺度。

许渊冲(2001:22-23)翻译为:

THĒ CĪCÁDĀ HÉARD ĪN PRÍSŌN

Ōf áutūmn thē cīcádā síngs;
Īn prísōn Ī'm wórn óut wīth cāre.

Hōw cán Ī béar īts blúe-bláck wíngs
Whīch rēmínd mē ōf mȳ gréy haír?
Héavȳ wīth déw, īt cānnōt flȳ
Drówned īn thē wínd, īts sóng's not héard.
Whó wōuld bēlíeve īts spírīt hígh?
Cóuld Ī ēxpréss mȳ gríef īn wórd?

杨宪益、戴乃迭（2001：1-3）翻译为：

Ā PÓEM ĀBŌUT Ā CĪCÁDĀ WRÍTTĒN ĪN PRÍSŌN
Óutsíde a cīcádā īs strídūlátīng īn thē dépths ōf áutūmn,
Whīle īn jáil Ī am tórtūred bȳ a súrge ōf hóme-síckněss.
Hóarȳ-haíred wīth gríef, hōw cān Ī ēndúre
sūch pláintīve síngīng ōf thē bláck-heáded créatūre
Héavȳ déw hās ēncúmbēred īt frōm tákīng wíng,
Īts sóunds éasīly múffēd bȳ stróng wínds.
Nóbōdȳ īn thē wórld trústs mȳ nóble ānd ūnsúllīed nátūre,
Whó īs thére tō víndīcāte mȳ ínnōcēnce?

从上面的两篇译文的标示，我们可以看出，虽然两篇译文都分别符合原诗八句，但押韵、平仄安排、对仗又大不相同。许的译文遵守了近体诗格律这一语类的翻译要求，尽力做到了押韵，如 sings—wings, care—hair, fly—high, heard—word。平仄安排也处理得较好，句中抑扬交错，每行集中于七八个音节，联间抑扬相粘，如第三句与第二句：prīsōn—cán, 第五句与第四句：wīth—rē-mind; 第七句与第六句：wōuld—īn; 句间对立还欠妥。许的译文对仗尤为突出，首联：of autumn—in prison; 颔联：How can I—Which remind me; 颈联：Heavy with dew—Drowned in the wind;

尾联：Who would—Could I。杨和戴的译文几乎脱离了近诗体格律这一语类的翻译要求，而是紧紧围绕文学类的翻译要求。在押韵方面，杨宪益、戴乃迭的译文仅在颔联和颈联中押邻韵，如endure—creature，wing—winds；在平仄安排方面，每行音节远比许的译文多得多，每行10个音节到17个音节不等，除了句中平仄（抑扬）交错外，句间平仄（抑扬）对立、联间平仄（抑扬）相粘考虑不多。仅有 outside a—while in jail, Hoary-haired—such plaintive 抑扬相对。在对仗方面，除了首联 Outside a cicada—While in jail 对仗外，很难发现其他对联。

我们不妨再比较一下原文与两篇译文所传达的信息内容。原诗语言凝练，饱含沉郁哀伤的感情，富有感染力。许的译文如同原诗，语言精练，选词造句简明扼要，寓意深刻；杨、戴的译文力求意义传达精确，往往依据深层内涵意义加以表达，由内及表，词难句长，恰与许的译文由表及里相对。原文及两种译本在用词上的对应关系，见表1：

表1 两种译本的用词对比

原文	许渊冲译文	杨宪益、戴乃迭译文
唱	sings	stridulating
客思深	I'm worn out with care	I'm tortured by a surge of home-sickness
鬓影	its blue-black wings	hoary-haired with grief
白头	my grey hair	the black-headed creature
飞难进	it cannot fly	encumbered it from taking wing
高洁	its spirit high	my noble and unsullied nature
表予心	express my grief in word	vindicate my innocence

不难归纳，两种译文属于两种文学翻译流派，一种属于科学派，一种属于艺术派。科学派的译文更重"三似"：形似、意似、神似；艺术派的译文更重"三美"：意美、音美、形美。科学派常用对等的译法；艺术派常用"三化"的译法：等化、浅化、深化。科学派的目的是使读者知之；艺术派则认为知之是最低标准，高标准应该是"三之"：知之、好之、乐之。很容易分辨得出，许渊冲属于艺术派，杨宪益、戴乃迭属于科学派。许渊冲在《汉英对照唐诗三百首》的序中说道："所以我认为文学翻译，尤其是译诗，不是科学，而是一种艺术。"我们可以坦然地说，翻译必须以语类为单位，且不说文学类与非文学类翻译，就是文学类的翻译，其涉及面之广，包含了散文、诗歌、戏剧、小说等，诗歌里还分格律诗和非格律诗等，不同的语类具有不同的翻译要求和标准。我们可以说，在这一场骆宾王的《在狱咏蝉》的五言格律诗的翻译竞赛中，许渊冲已经走在前面。

4. 结束语

语类具有两大含义：一是指具有相同形式、内容和风格的语篇类型，二是指门类和类。语类是社会文化的产物，文化不同，语类语篇的种类就不同，文化支配着社会行为。一个语篇可能是一种语类，也可能是由若干个语类组合而成的。辨别是否属于同一个语类，要根据语篇的性质、特征和特点来定。骆宾王的《在狱咏蝉》咏物诗篇属于五言格律诗篇类，不同于七言格律诗、乐府、绝句，更不同于散文、戏剧、小说及非文学语篇。五言格律诗篇类的翻译必须考虑到押韵、平仄安排、对仗，而前两种适用于绝句诗的翻译。语类不同，翻译的要求和标准也不相同。在翻译过程中，了解掌握语类的同质性和三大特点，确定语类的基本翻译单位，才能真正达到"意美、形美、音美"的效果，许渊冲对骆宾王的五言格律诗《在狱咏蝉》的翻译就是一个很好的佐证。

参考文献

Eggins, S. *An Introduction to Systemic Functional Linguistics*[M]. London: Printer, 1944.

Martin, J. R. *English Text: System and Structure*[M]. Amsterdam: Benjamins, 1992.

Halliday, M. A. K. & Hasan, R. *Language, Context, and Text: Aspects of Language in a Social-semiotic Perspective*[M]. Geelong: Deakin University Press, 1985/1989.

Swales, M. J. *Genre Analysis: English in Academic and Research Settings*[M]. Cambridge: Cambridge University Press, 1990.

陈新璋. 唐宋咏物诗赏鉴［M］. 广州：广东人民出版社，2000.
李发根. 语类翻译探究［J］. 外语学刊，2016（4）：115 – 118.
许渊冲. 汉英对照唐诗三百首［M］. 北京：高等教育出版社，2001.
杨宪益，戴乃迭. 唐诗［M］. 北京：外文出版社，2001.
喻守真. 唐诗三百首译析［M］. 北京：中华书局，1999.
余恕诚. 唐诗风貌［M］. 合肥：安徽大学出版社，2003.

The Eulogistic Ecological Poem of Tang Dynasty "The Cicada Heard in Prison" and Its Genre-Based Translation
Li Fagen

Abstract：Human ecology highlights the guiding function of ecological law towards human activities and indicates that we should coordinate and resolve the exsisting environmental problems from the aspects of science, politics and society and so on, so as to stimulate the harmonious development between human society and ecological environment. At present, it is very important to translate the ecological texts because it can disseminate ecological ideas and culture, and promote the development of ecological translation theory, which cannot only provide reference to the resolution of existing environmental problems, but also offer an operable method of translation based on genre. After a general discussion on the subjects, genre types and features of the eulogistic ecological poems of Tang poetry, this paper analyzes and compares the content, form and temperament between "The Cicada Heard in Prison" and its two English versions contending that genre-based translation is a good way to realize the translation requirement and to meet the translation criteria.

Key words: eulogistic objects, ecology, genre, translation

例释翻译研究中的"功能"概念*

钱宏**

摘要： 在翻译研究领域，"功能"这一术语广为人知，如"功能对等"、"功能导向的翻译研究"、翻译研究的"功能途径"，以及"功能主义"，等。这些概念中均包含"功能"二字，但这些概念中的"功能"，其理论背景和意义一方面大相径庭，另一方面又有所关联，导致翻译专业的学生以及翻译领域的青年学者在其学习及科研过程中时有混淆。鉴于此，本文尝试调查上述各"功能"概念的起源、发展，比较它们的异同，探讨其对翻译研究的影响，并以实际教学中的案例进行阐释，加以探讨。研究发现，这四个"功能"概念之间最大的相同点是认为现实世界中的语境因素对文本意义和文本理解至关重要。这四者又存在本质上的区别，且关注语境的不同方面。从实践科研教学方面来说，"功能途径"提供了系统强大的分析工具，学生可以使用

---

* 笔者曾与张美芳教授在《中国翻译》合作发表论文《翻译研究领域的"功能"概念》(2007年第3期，第10–16页)，本文是在该论文基础上的延伸与拓展。

** 钱宏，北京师范大学—香港浸会大学人文与社会科学学部副教授，研究方向：功能语言学翻译研究、话语分析、多模态翻译研究、翻译技术与教学。

语域分析理论帮助他们制定翻译策略，使用评价理论加深对译文的理解并指导自己的翻译实践。"功能主义"发源于实践，关注译文的目的与交际功能，具有较强的实践指导意义。但由于其缺乏系统性，学生无法使用该流派理论进行深入的研究。

关键词："功能"概念　异同　教学案例　阐释

1. 引言

在翻译研究领域，"功能"这一概念已经盛行多年，不同专家学者所提出的"功能"又不尽相同。从奈达提出的"功能对等"理论到霍姆斯提出的"功能导向翻译研究"，从运用韩礼德的系统功能语言学进行翻译研究的"功能途径"到德国功能学派创建的"功能主义"理论，等等，这些"功能"都有不同的背景及理论意义。笔者在多年的教学研究过程中发现，无论翻译专业的学生还是翻译领域的青年学者，都会对这些概念时有混淆。本文尝试阐释上述"功能"概念，探讨它们的含义，追溯其各自的起源、发展及其对翻译研究的影响，考察它们之间的异同及可能存在的联系，希望能厘清这些看似混乱的"功能"概念。笔者将结合在授课过程中给学生讲述相关理论时所遇到的实际情况，并举例进行阐释和探讨，以清楚地展示这些"功能"概念与翻译的关联及其在教学和翻译实践中的应用性。

2. 翻译研究领域中主要的"功能"概念

2.1 "功能对等"

奈达（Eugene A. Nida）提出的"功能对等"（functional equivalence）翻译理论可以说在翻译学发展的初期影响巨大。"自

(二十世纪）五十年代起，奈达即用动态对等翻译理论来指导《圣经》翻译的实际工作"（谭载喜，1999：xix）。这里的"动态对等"（dynamic equivalence）即"功能对等"的前身。奈达提出的"动态对等"是为了使其区别于他提出的另一概念，即"形式对等"。他认为"形式对等"指对原文形式的忠实再现，而"动态对等"则指原文与译文具有相同的超语言的交际效果。"动态对等"翻译原则的目的是要使译文表达自然流畅，尽量在译文接受者及其本族文化语境相关的行为模式之间建立联系，使译文和原文的功能对等（1964：159）。

"动态对等"翻译理论问世后在译界引起了很大的反响，但"动态"这一概念仍未得到清晰的解释与界定。1969年，奈达在其与泰伯合著的《翻译理论与实践》一书中力图对动态对等的概念做进一步的解释："所谓翻译，是在译语中用最切近而又最自然的对等语再现源语的信息，首先是意义，其次是文体。"（Nida & Taber，1969：12）。在这一定义中，"切近"是指"切近源语的信息"；"自然"是指译语中的表达方式；"对等"把上述两者结合起来，强调的是信息对等，而不是形式对应，即"内容为主，形式为次"。但这一说法还是引起了不少误解，有的人认为翻译只要翻译内容，不必顾及语言的表达形式。于是，各式各样的自由译都被称为"动态对等"。后来，奈达为了更清楚地表达其思想，就在《从一种语言到另一种语言：论圣经翻译中的功能对等》（1986）一书中把"动态对等"改为"功能对等"。他认为这一新名称可减少误解，且它的使用"强调了翻译的交际功能"。在功能对等中，奈达对信息做了进一步的界定。他指出，信息不仅包括思想内容，而且也包括语言形式。功能对等的翻译，要求"不但是信息内容的对等，而且尽可能地要求形式对等"（Waard & Nida，1986：viii，见郭建中，2000：66）。而功能对等的程度则可以通过比较原文接受者理解和欣赏原文的方式与译文接受者理解和欣赏译文的方式得以确定（Nida, 1993: 116）。

从"动态对等"到"功能对等"发展的路径中，我们可以看到奈达在一定程度上提高了原文的地位，但他要求"不但是信息内容的对等，而且尽可能地要求形式对等"，这也使得其应用性有所局限。事实上，何为"形式"，奈达也并没有阐释清楚。因此，学生在实际操作中会发现，首先对于文学体裁的文本，尤其是汉诗英译，无法实现真正的"形式对等"，即在翻译中保留其所有意象和韵脚等。从理论的发展层面，应当说"功能对等"这一说法更为严谨，因为在内容、形式各方面都有要求。但从实际操作层面，因为缺乏对"形式"的清晰阐述，"功能对等"无法有效地指导学生做出合适的翻译决策。再者，奈达提出"功能对等"的概念是基于圣经翻译的探讨和研究，这已经在很大程度上限制了该理论对不同文本类型的指导性。

以下以作者指导的学生毕业论文中的翻译为例。该学生做的是评注式翻译，以新西兰作家吉莉安·库克（Gillian Cook）的作品 *Hoko's Choice* （2016）为翻译对象。她在分析 *Hoko's Choice* 这一文本时，选取适合理论开展的翻译实践为例。*Hoko's Choice* 是一部儿童文学作品，其原文的语言风格比较口语化，简单，又非常贴近生活。在处理"girl"这个词的翻译时，学生发现，如果使用"功能对等"来指导她的翻译，尤其是考虑到形式对等的要求，反而会不知如何处理。译例如下：

ST1: *The black duck he called Meander stood back from the mob. "Hey <u>girl</u>?" Hoko threw a handful of grain her way and instantly the other birds piled over the top of Meander.*

TT1：一只叫明德的黑鸭子远远地站在这群"强盗"后面。"嘿！<u>你怎么不过来呀？</u>"于是霍克又朝她扔了一把谷粒，其他鸟顿时挤到明德头上。

ST2："You'd better come with me." Meander didn't resist as he tucked her under his arm. He placed her carefully under a bush with some grain…"There you go, <u>girl</u>." He whispered thoughtfully, "Looks like we're both off colour today."

TT2："你还是得跟着我。"霍克把明德藏在胳膊下，她也乖乖听话，没有乱动。他小心翼翼地把她放在灌木丛下面，旁边有些谷子……"<u>宝贝鸭鸭</u>，都给你哦。"他若有所思地低声说："似乎我们今天都过得不太好哎。"

在以上两个例子中，都出现了"girl"一词，这里是 Hoko 对他所养的一只鸭子 Meander 的昵称。Meander 比较弱，抢不到食物，Hoko 亲昵地称呼它为 girl，并把它带到一边，专门给它准备了吃的。在英语文化里，通常会称自己喜欢的动物或宠物 he 或者 she，这里显然 Meander 是 she，Hoko 就昵称它为 girl。但在汉语文化里并没有这种指称习惯。若遵循功能对等，保留形式，则 girl 可能要对应译为"小女孩儿"。学生对此存有很大的困惑，并与我进行了讨论。最后的策略是，在 ST1 中，采用了省略译法，省略了"girl"，但是又增补了一些内容，体现出他对 Meander 的关心。

在 TT2 中"girl"没有省略，但译者也没有保留原文的形式，而是采用补偿的方式，将其译为"宝贝鸭鸭"，试图体现出原文中 Hoko 对 Meander 的宠爱。虽然跟原文相比，舍弃了形式，但译者认为蕴含于其形式之后的感情才是她要展示给译语读者的。

2.2 "功能导向翻译研究"

"功能导向翻译研究"（function-oriented translation studies）由美籍荷兰学者霍姆斯（J. Holmes）提出。它指的是翻译研究领域中的一个分支，或者一种研究导向。霍姆斯于1972年在丹麦哥本哈根召开的第三届国际应用语言学会议上首次提出这一概念。在这次会议上，他发表了题为《翻译学的名与实》的论文。他在该论文中提出了描写翻译研究的总架构及其各个组成部分。"功能导向翻译研究"正是其中的一个组成部分（见图1）。霍姆斯认为，描写翻译研究有两个主要目标：第一，描写客观翻译现象；第二，建立解释和预测这些现象的原则和参数体系。他把翻译研究分为纯研究（Pure）和应用研究（Applied）两大部分。纯研究又划分为翻译理论研究（TTh）和描写翻译研究（DTS）。功能导向研究属于描写翻译研究的范畴。

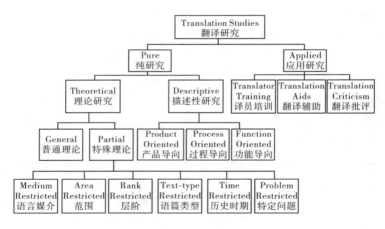

图1 霍姆斯的翻译研究图

（资料来源：张美芳，2005）

霍姆斯认为，功能导向翻译研究的重点并非翻译作品本身，而是翻译作品在目的语社会文化中的作用。研究者所关注的是社会文化语境而不是文本。其研究范围包括：何种文本在何时何地被翻译？原因为何？影响翻译产品的因素是什么？在霍姆斯看来，功能导向翻译研究跟社会学有密切的关系，因此有可能促成社会翻译学（socio-translation studies）的产生。（Holmes in Venuti, 2000: 185；见张美芳，2005: 5）纽马克也注意到翻译与社会文化语境的关联，指出翻译学一些研究领域还有大量的工作尚未完成，如比较文化学、翻译社会学等（Newmark, 1993: 15）。曼迪（J. Munday）认为，"功能导向翻译研究"在今天也可被称为"文化导向翻译研究"（2001）。这一研究领域在霍姆斯时代还较少有人涉猎，即使到了20世纪90年代后期，"功能导向翻译研究"在我国也不多见。但到了20世纪90年代末，翻译领域的学者开始尝试运用社会学理论如文化社会学、社会系统理论、行动者网络理论等来分析影响翻译的生产、传播、消费和接受的各种社会制约因素，探究翻译活动与社会环境、社会变迁的联系。（李红满，2008: 30）此外，社会学中的叙事理论（Baker, 2006）"把视角进一步从话语拓宽到由话语所表现出来的社会权利、意识形态及政治环境上，也把翻译从被动的身份变成了建构社会话语、创造新知识的积极元素"。（张美芳，2017: 22）在《后霍姆斯时期翻译研究的发展：范畴与途径》（2017: 17）一文中，张美芳进一步拓展和细化了功能导向翻译研究这一分支，并将其与中国语境相结合，提出"中国经典外译""外国典籍译入""讲述中国故事"这三个研究子领域，以研究和反思中国经典著作外译的效果、方式等。

但是这一功能导向研究路径在本科翻译教学中常常无法让学生透彻理解，并用于其翻译研究。究其原因，一方面是研究方法相对复杂，本科学生无法很快吸收掌握。另一方面是涉及的社会变量较多，需要有宽阔的眼界及丰富的知识底蕴方能进行分析。对于本科阶段的学生来说，难度较大，可操作性较低。但在翻译理论课及研究方法论课上，在本科阶段让学生了解这一领域，对其之后的学习和研究大有裨益。

2.3 翻译研究的"功能途径"

翻译研究的"功能途径",是指以韩礼德(M. A. K. Halliday)的系统功能语言学为基础的语篇分析途径,研究的重点是原文和译文的交际功能及其体现形式。语篇的交际功能与其语境息息相关,其体现形式的选择由一系列语境因素有机组成(如一个交际事件中正在发生什么,参与者是谁,在哪里,什么时候,为什么他们会在那里,等等),涉及从原文和译文产生的社会文化环境到语篇体裁、语域、话语意义以及语言结构等因素。(见图2)其中,系统功能语言学中的语域分析理论功能强大。除此以外,人际功能尤其是评价理论在翻译研究中也被广泛应用,以调查译者的态度定位及其与社会文化语境的关系。下文将分别进行阐述。

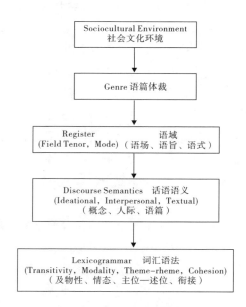

图2 语篇体裁、语域与语言的关系

(资料来源:Munday,2001:90)

首先，语域分析是韩礼德的语篇分析模式中的重要组成部分，也是最有解释力的分析工具。语域理论包括三个变量：语场（field）、语旨（tenor）、语式（mode）。语场指正在发生的事件，所进行的社会活动的性质、特点，语言所谈及或描述的是什么；语旨则是对事件交际者的分析，他们的基本情况、特点、地位、角色、关系等；语式指的是交际渠道和方式等。运用这一理论研究原文和译文可以像剥茧抽丝一样从外到内、从上至下对文本进行全方位的考察。语场、语旨、语式这三个变量与语言的三个纯理功能相关联。语场体现了语言的概念功能，语旨体现了语言的人际功能，而语式则是语篇功能的具体体现。语篇的话语资源则又是这三个元功能的体现，如语言的及物性结构体现了概念功能，语言的情态系统体现了人际功能，主位—述位结构以及衔接手段则体现了语篇功能。

语域分析理论在翻译教学及研究中展示了其强大功能。就教学层面来说，主要体现为三点。一是教会学生使用语域分析理论进行文本分析，从而在实际翻译过程中制定出适当的翻译策略。二是使学生学会使用该理论分析现有译文，并对照原文和译文的语域参数进行比较和讨论，从而培养其批判性思维能力。三是借助其强大的解释力，帮助学生理解翻译现象。就研究层面来说，最有影响力之一的就是20世纪70年代中期豪斯（J. House）以此理论为基础所建立的"功能—语用评估模式"（a functional-pragmatic model of translation evaluation，见House，1981，1997）。这是一个对译文的质量评估模式，借用了语域理论中的参数建立了相对客观的译文评价体系。下面将分别讨论其教学和研究意义，并佐以例证。

2.3.1 用语域分析理论解释决定翻译策略的参数

语域分析理论应用性较广，既可用于描写，也可用于解释甚至是评价已经存在的翻译现象（例如House，1977，1997；Hatim

& Mason, 1990, 1997；张美芳, 1999, 2001, 2002），同时，还可用来解释及预测翻译过程中可能出现的问题及其解决的策略（见 Bell, 1991）。贝尔（R. T. Bell）在《翻译与翻译过程：理论与实践》（*Translation and Translating*: *Theory and Practice*, 1991）一书中，非常有技巧地引用英国诗人吉卜林（J. R. Kipling）的一首诗中的第一段，将其与语域分析的要素联系在一起，说明译者在做出翻译策略决定之前要弄清楚的问题。以下是吉卜林诗中的第一段，也是贝尔所提议的思考模式（1991：7）：

我有六位忠实的仆人，
它们教我运用我的知识。
它们的名字是："什么？""为什么？"
"什么时候？""怎么样？""哪里？""谁？"

这首诗里面六个问题中的每一个都对应一个话语参数。"什么"指话语/语篇所包含的信息，是信号的意义，言语行为的命题内容，亦即话语的范围（语场）。"为什么"指信息发送者的意图、语篇问世的目的、言语行为的施为作用等。"什么时候"所关心的是交际的时间。"怎么样"含有两种意思：第一，交际的态度，即话语的基调（语旨）：严肃的还是轻浮的或是冷讽的；第二，交际的手段，即话语方式（语式）：文字的或是非文字的，口头的或是书面的。"哪里"所关心的是交际的地点（语场）。"谁"指的是交际者的身份和他们之间的关系，这些决定了话语的基调（语旨）。

贝尔还认为，语言是一种具有各种特征的代码，包括语音、文字、语法、词汇、语义等方面的特征。语言的使用就是从这些代码特征系统中做出选择，创造出可以传递意义的语篇。每一种语言都有其方言特征（dialect features）和使用标记（markers of the use）。对于译者来说，了解语言特征，尤其是了解语言的使用标记，是非常必要的。因为翻译过程的第一步就是要对语篇进行分析，而话语参数是分析的重要依据。译者首先要辨认出语言使用的各种标记，即信息发送者和接收者之间的关系（语旨）、发送信息的渠道（语式）、话语的范围与目的（语场）。由此可见，译者碰到的问题是与社会因素紧密联系的，他在做出翻译决策之前必须要了解文本所涉及的领域，交际者的身份及其之间的关系以及适合交际场合的话语的方式。（张美芳、钱宏，2007）

在指导学生对自己选定的文本进行分析、制定翻译策略时，笔者曾引导学生在翻译 *Hoko's Choice* 时尝试使用贝尔模式。结果证明该模式对学生厘清思路、分析文本非常有效。学生交给我第一稿时，语言风格时有混杂，有时比较书面化，有时又比较口语化，能明显感觉到学生在两种风格中举棋不定。该学生平日的翻译水平不错，此处很明显是她未能很好地定位自己的读者对象，也不清晰"为什么"，即自己到底为什么要译这篇小说。由于缺乏对语旨的清晰认识，语式自然会出现问题，风格的混杂正是思维混乱、目的不明确的体现。例如：

ST：*The earlier cool of the earth underfoot had turned to an irritating singe as the sun beat down. <u>Hoko was reminded of the conversation he'd had with his father about shoes worn in Ohakune.</u>*

TT1：随着太阳的炙烤，脚下早时的凉爽逐渐成了恼人的灼热。<u>这让霍克想起了他与爸爸就奥阿库尼人所穿鞋子进行的对话。</u>

TT2：随着太阳的炙烤，脚下早时的凉爽逐渐成了恼人的灼热。<u>这让霍克想起了爸爸与他聊天时，曾提到的奥阿库尼人穿的鞋子。</u>

在上述例子中，TT1 中画线部分的语体风格相当正式。"就……进行的对话"这种表达结构通常在外交话语中可以看到。当我跟学生进行第一次讨论时,学生并不觉得这种风格有何问题。其理由是根据原文序言所说,这部儿童文学作品是写给大约8～18岁孩子看的书。如果读者为16岁左右,这种表达他们应当是完全可以理解的。这里通过和学生讨论"什么""为什么"和"谁"这三个参数,她开始明白自己的问题。首先她翻译的是一部儿童文学作品。为什么翻译这部作品?因为她想将这部魔幻儿童文学介绍给中国的孩子,尤其是年龄在10～16岁的孩子。这里目标读者的年龄段范围缩窄,是因为不同年龄段的孩子所掌握的词汇、语言以及感兴趣的内容都会有所不同。锁定一个合适的年龄段,译者能够更好地发挥译语优势,制出合适的译文。对此三个参数的分析使得学生意识到她在TT1中的划线译文无论从哪方面来说都不太合适。这一分析讨论过程也帮助她更好地掌握语域分析的方法,并将它应用于将来的翻译与研究中。这一理论从教学和科研角度来说都相当有解释力和分析力。

2.3.2 用语域分析理论建立翻译评估模式

豪斯(J. House)提出的"功能—语用评估模式"在更大程度上是对翻译质量评估的一种里程碑式的突破(House,1997)。这一评估模式从三个层面对原文与译文进行分析和比较:语言/文本、语域和语篇体裁(见图3)。她希望用这一模式来描写原文语言和语境的特性,然后对原文与译文进行比较,从中描述两者之间的对应程度并得出详细报告,再用这些报告来评价译文的优劣。译文评价基于对"语言使用者"和"语言运用"这两组语境因素的分析。语言使用者涉及地域、方言、社会阶层和历史年代;语言运用的因素包括媒介、参与者、社会角色及其之间的关系、社会态度和职责范畴等。以上所有因素在不同种类的文体分析中都扮演着重要的角色。豪斯把人们常用来描述文体的几个概念结合在一起,即语言范畴(category)、正式程度的变数(variation of formality)和在语言层次上的句型的选择(patternedchoices)。然而，她所要描写的不是原文或原作者的文体风格，也不是译文或译者的文体风格，而是探讨两方面在何处出现差异。(House，1997；见张美芳、钱宏，2007)

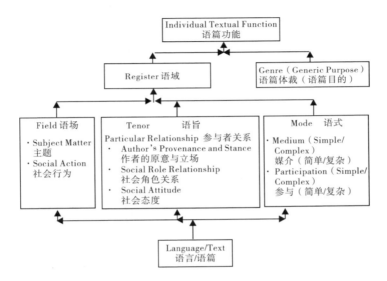

图3　原文与译文分析比较图

(资料来源：House，1997：108)

从豪斯对原文与译文的分析比较图中可以看到，韩礼德的语域分析基本上可以看作是该模式的基础，不同之处在于，她在"语场"部分增加了"社会行为"，在"语旨"部分增加了"作者的原意与立场、社会角色及其关系、社会态度"，在"语式"部分除了语言方式（口头/书面）外，还关注参与者的参与程度（简单/复杂）。根据这一评估模式，我们可以对原文和译文的语篇体裁和语域进行剖析描述及比较，并从中区分出"误匹配"(mismatches)或"误译"(errors)。语境方面的误译被豪斯称为"隐型错误性误译"(covertly erroneous errors)，而指称方面的误匹配或目标系统方面的误译则被称为"显型错误性误译"（overtly erroneous errors）。最后在此分析比较的基础上，对译文进行"质量陈述"。

豪斯的这一评估模式首先具有相当扎实的理论基础，即它以系统功能语言学的语域理论为基础；正是因为系统功能语言学的运用，所以其评估方法看起来比较系统、科学。其次，这一模式不仅关注语言，也关注语境。豪斯认为译文文本与原文文本不仅应该功能相符，并且要运用对等的语境维度方式去获得这些功能。二者相符程度越高，翻译质量越好。最后，她将原文及译文的语言学体现和翻译的质量评判分开来，从而使得评估更加客观。她认为，对翻译质量的判断取决于诸多因素，语言学特征分析只能为译文的价值判断奠定基础。（House，1997）

鉴于豪斯这一评估模式的突破性，笔者也试图在教学中将其引介给学生，并尝试带领学生使用这一模式。在实践过程中发现，该模式的操作性有一定的局限，尤其难以在较长语篇中完全应用。对于使用语域参数进行概括分析这一步骤基本没有问题，但对原文和译文的语言特性进行描写和比较，过程相当烦琐，并且对最后的比较结果进行类别分析也具有一定的片面性。因为在她的模式里，豪斯并没有非常系统地阐述何为"误匹配"或"误译"。

在研究层面，笔者以为，鉴于其系统性和详尽性，可把豪斯这一模式以与语料库研究相结合，从而产生更有意义的研究结果。

2.3.3 评价理论与翻译研究

评价理论（Appraisal Theory）（Martin & Rose，2003；Martin & White，2005）是系统功能语言学中人际功能的进一步发展及延伸，是"所有语篇意义的核心问题，任何对语篇中有关人际功能的分析必然涉及评价"（Thompson，1996：65）。评价理论由三方面组成，即态度（attitude）、介入（engagement）和级差（graduation）。这三个方面又分别形成各自的次系统，或叫维度。态度包括情感（affect）、评判（judgement）和鉴赏（appreciation）；介入包括自言（monogloss）和借言（heterogloss）；级差包括语势（force）和聚焦（focus）。情感用于表达人们情绪的反应，评判评价人们的行为举止，鉴赏则表明说话者的审美态度。（钱宏，2007）

近20年来，系统功能语言学学者对评价理论的探讨是多方面的，它也被引入翻译领域，用以考察评价性语言资源的使用和译者的价值取向等。张美芳（2002：15）是将评价理论应用到翻译研究的先行者之一。她使用评价理论分析了典型案例，发现译者的评价标度可能与原作者保持一致，但也会出现不一致，甚至删减的情况。在此研究发现的基础上，她讨论了译者偏离原著价值取向的可能性因素。Munday 也关注到了评价理论在翻译领域强大的可操作性，并曾与张美芳进行了讨论，后著书 *Evaluation in Translation: Critical Points of Translator Decision Making*（2012），专门探讨了翻译中牵涉到译者决策的一些主观价值和态度是如何以语言资源体现出来的。司显柱也曾专门撰文讨论评价理论、态度系统与语篇翻译的关系（2018：96）。

笔者曾在教学过程中向学生介绍过评价系统。这一理论的基本理念比较容易被学生接受，因为其与人际功能紧密联系，更能与交际实践相联系，也更容易理解。学生在翻译实践中会注意调整自己的用词，从而体现原作或者译者本人的态度及翻译意图。现仍以前文提到的评注式翻译中的文本为例进行说明。

ST：*He'd only been to Ohakune twice in his life and that was <u>twice more than most people</u> who lived in Turoa.*

TT1：虽然霍克只去过奥阿库尼两次，但已经比<u>大多数</u>住在图罗瓦的人都多了,他们仅去过一次。

TT2:虽然霍克只去过奥阿库尼两次,但和大多数住在图罗瓦的人比,已经很了不得了,他们一辈子都没去过。

这里原文中的 twice more than most people 就是评价语言资源的运用,其评价维度为评判,表明霍克去过奥阿尼两次是一件很了不起的事情,但其态度的体现是隐性的。两个译文里的语言资源也为评判,译者隐约意识到原文作者这种隐性态度,并试图在 TT1 中直接体现出来,这是值得肯定的。使用"试图"是因为译者没有完全显化这种评价,但考虑到目标读者以及原文偏口语的语体风格,显化评价更能体现霍克自豪的情绪。笔者与译者进行了沟通,并从评价角度进行了解释,译者进行了修改,在 TT2 中完全显化了原文中的裁决评价,译为"很了不得了"。

评价理论在翻译教学中的指导作用是显而易见的,但笔者也发现其应用的局限性。首先,要让学生能够系统理解这一理论并准确地归类分析并不容易,需要深入浅出。其次,低年级学生因为其理论基础薄弱,相对来说接受能力更弱一些,因此该理论更适合高年级以及研究生层次的教学。但其在翻译科研中的可适用性及可拓展性已被众多专家学者(张美芳,2002;钱宏,2007;李燕妮,2013;Munday,2012;司显柱,2018)证明,并且将会得到更加系统和深入的发展。

系统功能语言学与翻译研究相互促进,使得这一"功能途径"在科研和教学领域都极具发展潜力。除上述提及的语域理论和评价理论外,哈提姆与梅森(Hatim & Mason,1990,1997)也运用了韩礼德的语境分析模式来分析翻译过程。近年来,多模态与翻译研究的结合(Zhang & Feng,2020)也逐渐崭露头角,并极大地拓展了翻译领域研究的外延,进一步加深了人们对翻译这一概念的认识和理解。多模态研究从其起源来看,与系统功能语言学渊源深厚，可视为翻译研究功能途径的最新发展趋势。

2.4 翻译研究的"功能主义"

翻译研究领域的"功能主义"（functionalism）这一概念于20世纪七八十年代起源于德国。该学派的主要代表性理论为莱思（Reiss, 1984）的文本类型理论（Text Typology）、弗米尔（H. J. Vermeer, 1984）的目的论（Skopos theorie）、霍斯－曼特瑞（Holz-Mänttäri, 1984）的翻译行为理论（Theory of Translation Action）和诺德（Nord, 1997）的功能加忠诚理论（Function plus Loyalty）。莱思、弗米尔和曼特瑞属德国功能学派的第一代代表人物，诺德属第二代代表人物，诺德的理论是在第一代理论的基础上发展起来的（张美芳，2005：63）。由于这几位学者都有翻译实践和翻译教学的相关经历，他们所提出的理论具有显著的共同特点：有强大的应用功能，能够指导教学和实践，并适合学生在学习如何进行科研时作为入门理论。

功能主义学派中的文本类型理论强调了不同的文本功能决定其对应的翻译策略，其理论来源是布勒的语言功能理论。布勒根据语言工具模式中的组成成分及其关系，区分了三种语言功能：信息功能（the informative function）、表情功能（the expressive function）、感染功能（the appellative function）（见 Munday, 2001：199）。莱思根据布勒的语言功能论，把文本类型分为三种——信息型（informative）、表情型（expressive）、操作型/感染型（operative），并总结了各种文本类型的特点及其相应的翻译策略。莱思（1977/1989：109）认为，虽然每种文本都不止一种功能，但是它们有主次之分。原文的主要功能决定了翻译的策略。Munday认为文本类型理论的重要之处在于，它超越了纯语言的层面、超越了纸上的文字及其意义，把视野拓宽到翻译的交际目的（Munday, 2001：76）。诺德也称赞莱思的文本类型理论颇具里程碑意义（Nord，1997：9），因为莱思的理论摆脱了对等这一概念的桎梏，提出从分析文本的功能入手来决定翻译策略。

目的论和翻译行为理论则强调翻译的交际功能，认为要分析译文在目标语环境中的功能，为实现其目的与功能，可采取任何所需要的翻译策略。弗米尔在他与莱思合著的书中提出了"目的论"（1984）的基本原则。目的论来自希腊语 Skopos，意为"目的"。目的论（Skopostheorie）是将 Skopos 概念运用于翻译的理论，强调翻译行为的目的决定翻译行为和手段。根据目的准则，一切翻译行为由行为的目的决定，即"目的决定手段"（The end justifies the means.）。弗米尔这样解释目的准则：

每个文本均为既定目的而产生，亦应为此目的服务。由此，目的准则是指：译/释/读/写皆遵循某种方式，此方式可让文本/译本在其使用环境下运作，面向想要使用文本/译本的人，并且完全按照他们所希望的方式运作。（Vermeer，1989：20；见 Nord，1997：29）

在目的论中，译文的目标读者是决定翻译目的的最重要因素之一。他们的文化背景知识、对译文的期待以及交际需求都是在制定翻译策略时应当考虑的参数。在弗米尔看来，翻译是在"目的语情景中为某种目的及目的受众而生产的语篇"（1987：29）。相比以前的翻译理论，可以看出，在目的论中，翻译目的被放到一个相当重要的地位，而是否要与原文对等，该理论并没有提及。在前文中我们说文本类型理论已经超越了原文和译文对等的概念，强调从原文的功能入手，决定翻译策略。目的论则更向前进了一步，原文已被摆至一个更加不显著的地位，语言、意义乃至功能的对等都不在其考虑范围，翻译的目的才是王道。这一观点与传统译学理论大相径庭，虽招致许多批评，但由于其来自实践,对于翻译任务的实际操作相当具有指导意义。当翻译成为产业,走向市场,其译文读者或译文客户的接受才是译文真正的试金石。霍斯-曼特瑞的翻译行为理论(1984:109;见 Nord,1997:20)可以说与目的论一脉相承。在考量实际的翻译任务后,她加入了更多的变量,如翻译的发起人、委托人、原文作者、译文生产者(译者)、译文使用者和译文接受者等。译者以外的人或者机构在该理论中都有一席之地。

总的来说,目的论及翻译行为理论一方面对实践非常具有指导意义,另一方面又与传统译学背道而驰。诺德看到这一点,提出了"功能加忠诚"理论,试图在这两者之间找到平衡。

文本类型理论、目的论对学生翻译实操的指导作用毋庸置疑,笔者在教学实践中也深受裨益。学生无论在平时的翻译实践中,还是在毕业论文的撰写中,都非常喜欢使用这两种理论。从系统性的角度看来,它们可能没有语言学理论,如系统功能语言学那么科学系统,但从实践指导性及研究的应用性来说,它们更容易理解和应用。但笔者也观察到,近年学生使用功能流派理论进行毕业论文撰写的越来越少。究其原因,是因为它们用于研究时,可以作为大的理论框架,但无法进行系统的文本分析。另外,由于其缺乏系统性,学生无法使用该流派理论进行深入的研究。学生在学习论文写作时研究必引"目的论"的现象和时代已然过去,这是翻译理论向前发展势必带来的结果,但其里程碑意义及强大的实践指导功能仍不可小觑。

3. "功能"概念之辨析

笔者在上文讨论了翻译研究中经常提到的四种"功能"概念,即"功能对等""功能导向翻译研究""功能途径"和"功能主义"流派。那么这些概念之间有无异同,它们之间是否存在一定的关联呢？

在笔者与张美芳教授合作的《翻译研究领域的"功能"概念》(2007) 一文中，我们分析了其关联与区别。就其关联性来说，强调与"语境"的联系可说是上述几个"功能"概念的共同之处。奈达的"功能对等"强调译文在目的语文化社会中的读者中引起的反应应该与原文在源语文化社会的读者中引起的反应相同 (1969：24)；霍姆斯所描绘的翻译研究领域架构图中的"功能导向翻译研究"分支，其关注点是翻译作品在目的语社会文化语境中的作用；而在以韩礼德的系统功能语言学为基础的"功能途径"中，情景语境 (Context of situation) 至关重要，因为这一途径的首要关注点是作者/说话者在什么场合选择什么语言去体现所要表达的意义；德国学派倡导及发展的"功能主义"理论视翻译为一种社会交际行为，其关注点是此交际过程中的一切相关因素，即其语境。简言之，这四个功能概念的倡导者们都没有把翻译作为孤立的现象来对待，而是强调了翻译与语境的联系。

就其不同之处而言，首先，这四个概念的性质不尽相同：奈达提出的"功能对等"是一种翻译理念，霍姆斯提出的"功能导向翻译研究"是翻译研究领域的一个分支，"功能途径"是以语篇分析理论为基础的翻译研究途径，而"功能主义"中既有翻译理念（例如译文目的决定翻译策略），也有围绕译文目的和功能提出的各种理论及研究方法。

其次，虽然四种"功能"概念都跟语境有联系，但是各自的视点不尽相同。奈达的"功能对等"的视点是译文在读者中引起的效果，即希望译文能令接受者的反应与原文接收者的反应基本上相同；霍姆斯的"功能导向翻译研究"关注的是译文在目的语文化社会中的作用，即翻译与文化建设的联系；翻译研究的"功能途径"视"功能"为"作用"，所关注的是语言/语篇如何在不同的语境中起作用,即意图及意义如何通过语言来体现;"功能主义"者们关注的焦点是,译文产生的语境(包括文本类型、翻译发起人、委托人、出版商、译文使用者等)是如何影响译者的翻译策略的。

最后,虽然"功能对等""功能途径"和"功能主义"三个概念究其源头都与语言学有一定关联,但是它们之间也仍存在不同之处。最大的不同之处是:"功能对等"的理论基础是结构语言学,而"功能途径"和"功能主义"的理论基础都是功能语言学。"奈达是一位卓有成就的现代语言学家"(谭载喜,1999:ⅢX),于20世纪40年代在著名语言学家弗莱斯(C. Fries)和布龙菲尔德(L. Bloomfield)的指导下取得语言学博士学位。布龙菲尔德的结构语言学以及乔姆斯基(N. Chomsky)的生成转换语法对他的"动态对等/功能对等"论都有一定的影响。而以韩礼德的系统功能语言学为基础的"功能途径"与德国的功能主义理论可说是同宗同源,它们同受柏拉图—布勒—布拉格学派的影响。所不同的是,韩礼德还受马林诺夫斯(B. Malinowski)的"情景语境"理论的影响,更深受他的老师、伦敦学派的奠基人弗斯(J. R. Firth)的影响(见黄国文,2000;Munday,2001;Hatim & Mason,1990)。可能正是由于奈达的结构主义语言学背景(当然还有他作为圣经翻译者的文化背景),虽然他使用了"功能"一词,但没有能够跳出传统语言学途径的"对等"的桎梏。而建立于功能语言学基础之上的"功能途径"则将微观层面上的语言选择与文本的交际功能及其背后的社会文化语境系统地联系起来,因而更能描写与解释翻译现象。"功能主义"则高度强调译文的交际功能,认为为达到目的可以"不择手段"。语言学层面已不再是功能主义者们所关心的对象,原文也退到了一个次要的地位。可以说,从"功能对等"到"功能途径"再到"功能主义",翻译研究走过了从传统语言学到微观语言与宏观

语境相结合再到行为交际学这样一条研究轨迹。(张美芳、钱宏，1997)

4. 结语

本文对翻译研究领域中常见的四种"功能"概念，即奈达所倡导的"功能对等"、霍姆斯提出的"功能导向翻译研究"、基于韩礼德系统功能语言学基础之上的翻译研究"功能途径"和德国翻译研究学派的"功能主义"进行了概述，追溯了这四种功能概念的起源、发展及其影响，讨论了它们之间的异同及联系。从我们的考察结果来看，这四个"功能"概念之间既有相同之处，也存在本质的区别。它们之间最大的相同点是强调了语境的重要性，认为现实世界中的语境因素对文本意义和文本理解至关重要，而并非把翻译看作脱离现实的孤立现象。同时，除霍姆斯的"功能导向翻译研究"概念外，其他三个功能概念都源于其倡导者对语言的理解，跟语言学有密切的联系。而我们所考察的四种"功能"概念的区别则体现在三个方面：首先，这四个"功能"概念在性质上存在着本质的区别。其次，虽然它们都强调语境，但关注的焦点不尽相同。最后，就"功能对等""功能途径"和"功能主义"三个概念而言，"功能对等"受其结构语言学理论的影响，虽然使用了"功能"一词，但未能打破"对等"的束缚；而"功能途径"则跳出"对等"的圈子，将微观语言层面与宏观语言环境相结合，因而更能描写和解释翻译现象；"功能主义"则已经超越语言，关注的是翻译的目的与其交际功能。

参考文献

Baker, M. *Translation and Conflict: A Narrative Account*[M]. Abingdon & New York: Routledge, 2006.

Bell, R. T. *Translation and Translating: Theory and Practice* [M]. London & New York: Longman Group UK Limited, 1991.

Gillian, C. *Hoko's Choice* [M]. Mountain Light Publisher: Tauranga, 2016.

Halliday, M. A. K. & Hasan, R. *Language, Context, and Text: Aspects of Language in a Social-semiotic Perspective* [M]. Oxford: Oxford University Press, 1989.

Hatim, B. & Mason, I. *Discourse and the Translator* [M]. London & New York: Longman, 1990

Hatim, B. & Mason, I. *The Translator as Communicator* [M]. London & New York: Routledge, 1997.

Holmes, J. The Name and Nature of Translation Studies[C].//Venuti, L. ed. *The Translation Studies Reader*. London and New York: Routledge, 2000: 172 – 185.

Holz-Manttari, J. *Translatorisches Handeln: Theorie und Methode* [M]. Helsinki: Suomalainen Tiedeakatemia, 1984.

House, J. *A Model for Translation Quality Assessment* [M]. Tubingen: Gunter Narr, 1977/1981.

House, J. *Translation Quality Assessment: A Model Revisited* [M]. Tubingen: Narr, 1997.

Martin, J. R. & Rose, D. *Working with Discourse: Meaning Beyond the Clause*[M]. London & New York: Continuum, 2003.

Martin, J. R. & White, P. R. *The Language of Evaluation: Appraisal in English*[M]. New York: Palgrave MacMillan, 2005.

Munday, J. *Introducing Translation Studies: Theories and Applications*

[M]. London & New York: Routledge, 2001.

Munday, J. *Evaluation in Translation: Critical Points of Translation Decision Making*[M]. New York: Routledge, 2012.

Newmark, P. *Paragraph on Translation*[M]. Clevedon Philadelphia: Multilingual Matters, 1993.

Nida, E. A. *Language, Culture and Translation* [M]. Shanghai: Shanghai Foreign Language Education Publishing House, 1993.

Nida, E. A. *Toward a Science of Translating* [M]. Leiden: E. J. Brill, 1964.

Nida, E. A. & Taber, C. R. *The Theory and Practice of Transltion* [M]. Leiden: E. J. Brill, 1969.

Nord, C. Skopos, Loyalty and Translational Conventions[J], *Target*, 1991, 3 (1): 91 – 109.

Nord, C. *Test Analysis in Translation: Theory, Methodology, and Didactic Application of a Model for Translation-Oriented Text Analysis*[M]. Translated from the German. Amsterdam: Atlanta, GA, 1991.

Nord, C. *Translating as a Purposeful Activity—Functionalist Approaches Explained*[M]. Manchester: St. Jerome Publishing, 1997.

Reiss, K. Text Types, Translation Types and Translation Assessment [C]. Translated by A. Chesterman. //Chesterman, A. ed. , *Readings in Translation Theory*. Finland: Oy Finn Lectura Ab, 1977/ 1989: 105 – 115.

Reiss, K & Vermeer, Hans J. *Grundlegung einer allgemeinen Translationstheorie* [M]. Tubingen: Niemeyer, 1984.

Thompson, G. Introducing Functional Grammar [M]. London: Edward Arnold, 1996.

Vermeer, H. J. What Does It Mean to Translate? [J]. *Indian Journal of Applied Linguistics*, 1987, 13(2): 25 – 33.

Vermeer, H. J. Skopos and Commission in Translational Action *Readings in Translation Theory* [C]. // Chesterman, A. ed. *Readings in Translation Theory*. Finland: Oy Finn Lectura Ab, 1977/1989: 173 – 187.

Venuti, L. (ed.) *The Translation Studies Reader* [C]. London & New York: Routledge, 2000.

Waard, J. D. & Nida, E. A. *From One Language to Another: Functional Equivalence in Bible Translating: Readings in Translation Theory* [M]. Nashville/Camden/New York: Thomas Nelson Publishers, 1986.

Zhang, M. F. & Feng, D. Z. *Multimodal Approaches to Chinese-English Translation and Interpreting*[M]. London & New York: Routledge.

陈曦,潘韩婷,潘莉.翻译研究的多模转项：现状与展望 [J]. 外语学刊, 2020（2）：80 – 87.

郭建中. 当代美国翻译理论 [M]. 武汉：湖北教育出版社, 2000.

李红满. 探索翻译研究的社会学途径 [J]. 中国翻译, 2008（6）：30 – 33.

黄国文. 韩礼德系统功能语言学40年发展述评 [J]. 外语教学与研究, 2000（1）：15 – 21.

李燕妮,侯林平."评价理论"框架下译者主体性研究的新探索：《翻译中的评价：译者决策关键之处》评析 [J]. 中国翻译, 2013（4）：53 – 56.

钱宏. 运用评价理论解释"不忠实"的翻译现象 [J]. 外国语, 2007（6）：57 – 63.

司显柱. 评价理论、态度系统与语篇翻译 [J]. 中国外语, 2018（1）：96 – 102.

谭载喜. 新编奈达论翻译 [M]. 北京: 中国对外翻译出版公司, 1999.
张美芳. 从语境分析看动态对等论的局限性 [J]. 上海科技翻译, 1999 (4): 10–13.
张美芳. 翻译学的目标与结构 [J]. 中国翻译, 2000 (2): 66–69.
张美芳. 从语篇分析的角度看翻译中的对等 [J]. 现代外语, 2001 (1): 78–84.
张美芳. 语言的评价意义与译者的价值取向 [J]. 外语与外语教学, 2002 (7): 15–18.
张美芳. 翻译研究的功能途径 [M]. 上海: 上海外语教育出版社, 2005.
张美芳, 钱宏. 翻译研究领域的"功能"概念 [J]. 中国翻译, 2007 (3): 10–16.
张美芳. 后霍姆斯时期翻译研究的发展: 范畴与途径 [J]. 中国翻译, 2017 (3): 18–24.

Concepts of "Function" in Translation Studies: Illustrated with Cases
Qian Hong

Abstract: The notion of "function" is widely known in the field of Translation Studies. Frequently discussed concepts are "functional equivalence" advanced by Nida, "function-oriented translation studies" proposed by Holmes, "functional approach" based on the Hallidayan Systemic Functional Linguistics, and the "functionalist theories" advocated by the German School in the 1970s and 80s. Though they have demonstrated powerful functions in translation practice and research, they are confusing as well. As such, this study intends to investigate the origins and developments of the four concepts, identifying their similarities and differences. The cases from the teaching practice of the current author are adopted for further illustration and discussion. It is found that the most prominent feature shared by the four concepts is that all attach great importance to context. However, being different in nature, they focus on different aspects of context. When it comes to translation and research practice, we found that "functional approach" provides systematic and powerful theoretical framework which helps students make informed decision on their translation strategies and deepen their understanding of translation. Focusing on the purpose and communicative function of a translation, "functionalist theories" are regarded fairly helpful with students' translation practice. However, it is observed that in-depth research couldn't be conducted by students when adopting those theories as they are weak in providing powerful analytical tools.

Key words: concepts of "function", similarities and differences, cases from teaching, illustration

汉语语言学著作英译中的几个问题*
——《汉语语法学》译后记

王勇**

摘要：《汉语语法学》英译本（邢福义著，王勇、董方峰译）已于2016年底由Routledge出版，翻译工作得到国家社科基金"中华学术外译项目"（15WYY002）的支持。本文以《汉语语法学》的英译为例，讨论中国语言学著作外译中的有关问题，内容涉及文本的选择、译者模式、翻译策略等方面，并在此基础上对未来类似工作提出建议。

关键词：《汉语语法学》　中国语言学　理论　英译

1. 引言

国家社科基金自2010年开始设立"中华学术外译项目"，主要资助我国哲学社会科学研究的优秀成果以外文形式在国外权威

---

* 本文为国家社科基金中华学术外译项目"《汉语语法学》（英文版）"（15WYY002）的阶段性成果，曾刊于《外国语》2017年第4期。
** 王勇，男，湖北英山人，博士，教授。研究方向：功能语言学、语言类型学、汉语语法。

出版机构出版，进入国外主流发行传播渠道，促进中外学术交流，以增进国外对当代中国、中国哲学社会科学以及中国传统文化的了解，推动中国学术积极有效地"走出去"，深化中外学术交流与对话，促进世界更好地了解中国和中国学术，增强中国学术的国际影响力和国际话语权，不断提升国家文化软实力。

中国语言学是中华学术"走出去"的一部分。邢福义（2016a）有关语言学走出去的一段话具有指导意义："我国语言学界，一方面大力引进国外理论，并且努力使之适应中华水土，融入中华学术；另一方面，也尽力让国人之成果走出国门，在国际上亮亮相。也许，目前的亮相还做不到抢眼，但是，不是今年过后还有明年，明年过后还有后年、后年的后年吗？"

中国的经济崛起吸引了世界的目光。汉语是了解中国的重要窗口和工具。据2009年的统计，全世界有109个国家3000多所高等学校开设了汉语课程，汉语学习者人数已超过4000万（人民网，2009年3月12日）。汉语的学习、传播、应用与研究成为全球化语境下的突出现象。如何抓住国际"汉语热"的契机，提升汉语的国际地位，使其成为世界上流通广、研究透彻深入的语言？立足于汉语的中国语言学将发挥不可替代的作用。

本文作者申请的《汉语语法学》（邢福义著）英译项目，于2015年年底成功获批"中华学术外译项目"，译本由国际知名的出版公司 Routledge 出版发行。本文拟以《汉语语法学》的英译为例，讨论中国语言学著作外译中的有关问题，内容涉及文本的选择、译者模式、翻译策略等方面，并在此基础上对未来类似工作提出建议。

2. 原著的选择

合适的翻译选题是译作成功的前提。美国翻译家葛浩文

(Howard Goldblatt)认为,"翻译最重要的任务是挑选,不是翻译"(曹雪萍、金煜,2008)。我们在挑选原著时,着重考虑三个方面的因素:一是原著能否代表中国语言学的学术水准,体现汉语及中国语言学的特色,反映中国语言学学术前沿。二是原著是否符合国际读者的期待,适合推向世界,对于认识汉语及中国语言学有重要意义。三是原著能否与国际语言学形成互补,对世界语言学有推进作用。

关于《汉语语法学》的特点和创新之处的论述很多,如对事实细致深入的描写、"三层结构"的语法学系统、明确的学派意识等。我们认为,其最重要的特点体现在理论和方法两个方面。

一是建构了"小句中枢说"的汉语语法理论系统。该书认为,汉语语法系统是以"小句"为表述基点的。在汉语的各级各类语法实体中,小句所具备的语法因素最为齐全;在汉语语法的各种实体中,只有小句跟其他实体都有直接的联系,小句处于"联络中心"的地位。只有小句能控制和约束所有其他的实体,成为其他语法实体所从属、依托的核心实体:句子语气黏附于小句,复句和句群依赖于小句,词受控于小句,短语从属于小句。"小句中枢"语法系统的确立,是作者多年来汉语语法研究的结晶,是该书最重要的理论贡献。

二是提出了"两个三角"的研究方法。所谓"两个三角",一个是"表—里—值"小三角,一个是"普—方—古"大三角。以"小三角"为基本思路和方法研究问题主要靠表里验证,由表及里,或者由里究表。必要的话,还可以在此基础上考察语值。"大三角"的思路和方法是:以普通话为基点考察语言现象时,有时要横向在方言中寻找依据,或纵向追溯其在古汉语中的根源及历时演变的过程。"两个三角"的研究范式是该书作者第一个总结出来,并全面运用于汉语语法研究之中的,突出体现了该书在方法论上的特色和创新。

国外语言学界有小句本位（clause-based）的提法，如韩礼德的系统功能语法、乔姆斯基的转换生成语法都可称为小句本位的语法，都将小句看作语法研究的一个方便的切入点，但都没有将小句上升到中枢的高度，进行深刻、系统、全面的论述。书中界定了小句的内涵和外延，描述了小句所具备的语法因素及其所处的联络位置，阐述了"小句三律"，即"小句成活律""小句包容律"和"小句联结律"。这样，在"小句中枢说"的理论观照和统领之下，汉语语法体系完整、脉络清晰、内容丰富。"两个三角"的研究方法的提出，是基于汉语漫长的演变历史、丰富的方言变体及其广泛的地域分布，并兼顾语言的形式和意义的多样性及其关系的复杂性。这种方法兼顾历时和共时的视角，动态、综合地考察语言，更加逼近语言的本来面貌，在这种方法的基础上得出的结论和建立的理论也更具说服力。

现行的很多汉语语法研究是比照西方语言学进行的，经常看到的陈述是"英语（或欧洲语言）是什么什么，汉语不是什么什么"，这样的描述是有意义的，但未必能体现汉语的本质特点。在这样的陈述中，汉语成了西方语言学理论的注脚和参照。然而，欧洲语言只属于诸多语系中的一种（即印欧语系），基于这一语系的语言学理论不应成为普通语言学的代名词。汉语作为不同于印欧语言的一种语言，在形态、句法、语义等方面有自己的特征，这些特征足以支撑起不同于西方语言学的一种全新的语言学理论。这样的理论一旦建立起来并传播出去，不但可以和其他理论形成互补，而且可以成为描述和解释更多（更接近于汉语的）语言的参照，这样的参照至少和西方语言学理论具有同等重要的意义。

综上所述，《汉语语法学》不但理论和方法齐备，而且是真正本土的理论，体现出中国特色、中国风格、中国气派，值得向外推介。Routledge同意出版该译著，以及国际评审专家对本项目的高度肯定，都说明我们的这一判断是正确的。①

3. 译者模式的选择

译者模式的选择实际是回答"谁来译"的问题。翻译界有一条不成文的惯例，即书面翻译一般译入自己的母语（李雪涛，2014）。然而，外国译者往往不能充分理解原著，有时难免出现误解与误译的情况；中国译者的外文很难达到母语者的水平，表达可能简单生硬，甚至词不达意，影响译文的可读性与可接受性。英语母语者与中国译者相结合的模式可以避免这些弊端，优势互补，相得益彰。很多成功的翻译都采取这种模式，如杨宪益、戴乃迭夫妇翻译《红楼梦》，葛浩文夫妇翻译莫言作品，瑞典翻译家陈安娜及其丈夫翻译莫言作品，都属于这种模式。

中外译者共同合作同样也是中华学术外译的理想的译者模式。由中国学者译成外文，再由所在国的学者予以润色、修改；而由所在国的学者译成外文的，再由中国学者予以审订（参看胡安江，2010；李雪涛，2014；王启伟，2014；谢天振，2014）。

我们的翻译正是采取了这种"中西合译模式"。本项目的译者团队主要由王勇、董方峰和 Susan Kelliher（英籍，英国雷丁大学语言学博士）三人组成，王勇、董方峰负责全书翻译，王勇和 Susan Kelliher 负责校对和修改。王勇负责翻译工作的统一安排、各参与人之间的协调、全书体例规范的确立，以及全书大部分正文的翻译；董方峰负责全书例句以及部分章节的翻译并协助王勇进行以上工作；Susan Kelliher 根据英语读者的阅读习惯、国际学

---

① Routledge 出版公司聘请了两位国际同行专家，对我们的项目申请进行了匿名评审，两位专家都高度评价本书的理论意义、现实意义和市场前景，同时也提出了建设性的修改意见（详下）。

术规范提出修改意见，并和王勇就译稿有关问题以及修改意见逐章进行讨论。总体而言，Kelliher 博士提出的修改意见有三类：一是不规范和错误的语言表达，如时态、人称、单复数、用词不当等，这些错误经王勇核实后，一般都按 Kelliher 博士的意见予以改正。二是根据英语读者的阅读习惯和国际学术规范所做的调整，如：导论中专设一节介绍全书的结构和主要内容，每章结束前对本章内容进行回顾并介绍下节内容，在举例后对例句进行分析，根据西方人习惯的逻辑顺序调整部分内容的顺序，对原书的内容做适当压缩，对部分例句进行删减，等等。对这类修改建议，我们认真听取，并做相应的增删修改。三是对原书内容和观点或相关的理解进行商榷的意见，例如，汉语中"人走桥上"和"桥上走人"的联系和区别，其英文翻译应如何体现这种联系和区别。对于此类问题，中外译者充分讨论，先消除误解和表达不当的情况，并仔细斟酌，反复推敲，直至找到合适的表达，传递原文的意义。上述所有修改都由王勇负责定稿，并由 Kelliher 将译稿通读一遍，指出不妥之处。最后，王勇和董方峰分别对译稿仔细阅读审校。

这样，中外译者可以最大限度地跨越差异，发挥各自特长，优势互补，保证译文的可读性和可接受性。

4. 翻译策略

在讨论翻译策略之前，先看两个案例。

纵观 20 世纪以来中国文学"走出去"的翻译实践，其中包括伏尔泰、庞德、林语堂等多位译者的翻译，大多采用归化的翻译策略，中国文学成功"走出去"大多采取改译的模式（吕世生，2013）。杨宪益夫妇翻译的《红楼梦》水平颇高，一直受国内译界推崇，但在西方被广泛接受的是大卫·霍克思（David

Hawkes)的英译本。江帆(2007)对百年来十余种《红楼梦》英译本在西方的接受情况进行了研究,发现不论在借阅数量还是在研究者引用次数方面杨宪益夫妇的译本都远逊于霍克思译本(江帆,2007;参看岳巍、马悦然,2012;王启伟,2014)。后者多采用归化策略,对含有中国文化特色的内容进行改写,使其适应英语文化语境。

中国作家莫言2012年问鼎诺贝尔文学奖,学界认为莫言作品的英文译者葛浩文功不可没(谢天振,2014),而葛浩文很多时候采取的是适应读者的改译法。他曾说:"我认为一个做翻译的,责任可大了,要对得起作者,对得起文本,对得起读者……我觉得最重要的是要对得起读者,而不是作者……我的翻译是给外国人看的,翻译是个重新写作的过程。……我在翻译的时候,第一,我肯定要删减,我不能全文翻译,如果我全文逐字翻译,出版社就不会出版。第二,我不但要删减,我还要改写。……"(季进,2009)

这两个案例有一个共同的特点,即为适应读者采取归化为主的翻译策略,对原作进行改译。根据目的论的观点,决定翻译目的的重要因素是受众。每一种翻译都有特定的受众,而这些受众都各有自己的文化背景、对译文的期待以及交际需求。翻译是在目标语情境中向目标受众传递信息,受众在很大程度上决定翻译目的,而翻译目的决定翻译策略和翻译方法。对原作形式与内容的取舍、目标文本的形成都以翻译目的为参照。

Routledge出版社将《汉语语法学》英译本的目标读者定位为相关研究者、研究生、本科生以及其他有兴趣的读者,这和原著在国内的读者群基本相当。但由于汉英两种语言在文化背景、表达方式和习惯上的差异,以及英语读者的阅读习惯和国际学术惯例等方面的原因,我们在翻译时需要做适当的变通和调整。也就是说,我们在翻译过程中采取归化的策略,对原著连改带译。

所谓"改",既包括原作者根据出版社的意见所做的修改,也包括我们(译者)所做的变通和调整。具体说来有以下三个方面。

4.1 根据出版社意见以及国际学术规范所做的改动

根据出版社提供的专家评审意见,邢福义先生在原著导论一章中新增一节,对目前汉语界除"小句中枢说"以外的几种本位/中枢理论(包括"词本位""句本位""词组本位""字本位""语气本位"等)进行了综述。另外,在第四部分末尾新增一节,着重讨论"两个三角"和"三个充分"之间的关系。在此基础上形成了原著的修订版(2016,商务印书馆),作者还为修订版写了自序,后面加了一些附录。我们的翻译是在修订版的基础上完成的。

邢福义先生不但高度重视并虚心采纳专家的评审意见,并且对我们的翻译采取非常宽容和开放的态度,允许我们根据翻译的需要对原文做改动。例如,我们对全书最后一章的内容编排进行了调整,原著书末的附录、后记等一并删去;在讨论"两个三角"和"三个充分"之间的关系之前,先介绍"三个充分";等等。类似的重新编排和调整还有很多。

为遵循国际学术规范和英语读者的阅读习惯,我们对原文的体例和内容等做了一些调整并新增了一些内容。译本正文前面有作者自序和译者序。"本书遵循的惯例"对规范和体例加以说明。此外,还设有缩写符号列表、图形和表格列表等。译本以脚注的方式注明了引文的出处,将原来的参考文献调整为"进一步阅读文献"(Further Readings)。书末附有索引,便于读者查阅。每一章末了对全章内容进行总结,并简单介绍下一章内容。译著中的例句都以三行格式呈现:第一行是带声调的汉语拼音;第二行是词对词的字面翻译;第三行是意译。这种呈现方式不仅利于读者理解例句,而且方便和英语进行比较。

4.2 为适应读者所做的改动

原书的汉语读者和译著的英语读者在背景知识、阅读习惯以及相关专业知识上存在较大的差异。为方便读者理解、减轻他们的阅读负担，并兼顾译文在语言表达、呈现的逻辑顺序以及思想内容诸方面的可接受性，我们在翻译时进行了以下几个方面的改动和变通：

首先，译文以容易理解为第一要务。翻译时如果死抠原文，这样生硬的翻译固然忠实，但读者可能不得要领，因而敬而远之。下面以几个节标题的翻译说明。原书第一章第一节第一小节讲的是小句的定义，原文标题是"小句的内涵与外延"，下面的两个次节标题是"（一）小句的内涵"和"（二）小句的外延"。这三个标题分别译为 definition of clause、definition、some clarifications，这种调整都是根据英语中的表达习惯和意义表达的需要进行的。又如，与译文 8.1.4 对应的汉语节标题是"关于名词的语义"，本节主要介绍名词的语义特征对其句法表现的影响和限制。原文标题较宽泛，因此我们将此节标题改译为 semantic constraints on the syntax of nouns（"名词的语义特征对其句法表现的限制"）。基于同样的考虑，我们将 8.2.4 和 8.3.4 的节标题分别译为 semantic constraints on the syntax of verbs、semantic constraints on the syntax of adjectives。第二章第六节"问题思考"译成 problems in word class identification，第三章第六节"问题讨论"译成 complex sentences and related issues，都是根据意义所做的调整。原文第四章标题是"研究论"，内含三节分别介绍"小三角"、"大三角"和"三个充分"。这里的研究论其实是方法论，因此，我们将本章标题译为 methodology，三节的标题分别译为 methodology: the minor triangle、methodology: the major triangle、methodology: the three adequacies in grammatical studies。又如，原书第一章第二节中"小句包容律",指出句子特有诸因素包括"句子语气、复句关系词语、语用成分、成分逆置现象、成分共用所造成的特殊状况"等。我们将"句子特有诸因素"译成"features peculiar to the clause",因为所谓的"因素",实质上是"特征"(features)。

其次,与汉语读者阅读原著相比,英语读者阅读译著更加困难。这种困难不仅是因为译文本身导致的,更重要的是原著的思想内容对译文读者来说比较陌生。作为译者,我们尽力降低这种困难。例如,原文举例丰富,但举例过后,说明的文字往往很简略,或没有说明,因为汉语读者在理解举例及其相关问题时,没有困难。为了凸显需要说明的问题,我们用黑体字标明例句中相关成分,随后结合例句清楚说明例句所要例证的问题。

如原文第一章第四节有一小节讨论无定主语,有这样一句话:"无定主语,可以蒙后有定,或者蒙后部分有定",举出了两个例句,随后没有说明:

三个身材魁梧的人走了过来,他们是李军长、张政委和赵参谋长。

一些地方,如海南和深圳,近年来特别重视优秀人才的引进工作。

在译文中,我们不仅对两例中的无定主语"三个身材魁梧的人"和"一些地方"(拼音)以及它们的蒙后成分"他们是李军长、张政委和赵参谋长"和"如海南和深圳"(拼音)作了粗体标记,而且随后说明这两个无定主语是如何通过后续成分变成有定的。我们认为,此类说明对于译文读者是有必要的。

有时,为了便于理解,我们还对个别例句做了删减。如原书第一章第二节中最后两个例句简化为:

张一非我子也,家财尽与我婿,外人不得争占。

张一非，我子也，家财尽与。我婿外人，不得争占！

随后的讨论中，说明原始例句的语境以及例句所要说明的问题。这样处理，既突出了要点，又减少了不必要的阅读障碍，同时删减损失的信息在正文中得到了补偿。这些措施都是为了最大限度地降低阅读困难，提高译文的可读性。

应出版社的要求，为节省篇幅，我们对原著中的例句做了一些删减。第三章"小句联结"，删减的例句最多，因为复句和句群的例句尤其占篇幅。

最后，通过加注，补充必要信息，帮助读者更好地理解译文。全书共有脚注 84 条，全部为译者所加。这些脚注，除了注明了引文的出处外，有的对一些与正文不直接相关的内容进行解释，如对中国传统计量单位（如斤、尺、丈）的解释；有的为帮助理解正文或例句提供进一步信息，如汉语中单数第三人称代词"他""她""它"在读音、意义和书写上的联系和区别；有的对承载文化信息的词语进行解释，例如，四大名著、李白、杜甫、雷锋等名词都在脚注中有解释。

4.3 文化调适

除了根据国际学术惯例和读者的阅读理解的需要对译文进行改动，调整和重新编排部分内容外，我们还需要将译文置于译入语的政治文化语境中，认真审视，仔细推敲。译著的目标读者来自中国以外的其他国家和地区（特别是英语国家），其意识形态和政治制度等方面与中国有较大差异。如果对这些问题处理不当，会影响译文的可接受性。译介工作者必须要认清译入语国家的诸多操控因素，在译出时不应强行输出本国的意识形态，否则会对译介效果造成影响（江帆，2007）。比如，政治性太强的语言要尽量避免。如果译文引起了读者反感或文化碰撞，再忠实的译文也可能"水土不服",不受欢迎。

在翻译时,我们试图进行文化适应、谨慎取舍、灵活变通。具体说来,由于历史条件的限制(原书于1996年完成),原作中的个别例句(如第三章中复句的例子)有较浓的政治色彩,可能会影响译文的可接受性,造成不必要的误会。

例如,第三章第五节第9例:

中国宣布这个决策,从大的方面来讲,对英国也是有利的,因为这意味着届时英国将彻底地结束殖民统治时代,在世界公论面前会得到好评。所以,英国政府应该赞成中国的这个决策。中英两国应该合作,共同来处理好香港问题。(邓小平:《我们对香港问题的基本立场》)

这是一个因果类句群的例子,但内容涉及香港问题以及中国对英国政府的意见等,这些话题都较敏感,不宜在英译的学术专著中出现。因此,我们将这一例句调整为:

中国的这个决策对英国也是有利的。所以,英国政府应该赞成中国的这个决策。

调整后的例句仍然是一个因果类句群,但不及原句复杂,这样不仅节省了篇幅,而且回避了政治上敏感的话题,因而也回避了可能出现的不必要的麻烦。

除了调整和删减例句外,我们还在语料库中析取合适的例句替换政治色彩较浓的例句,如原书第3章第5节第12例是一个由"可见"联结的表示推断的因果类句群:

有一个时期,有少数同志认为,我们这个社会是不是社会主义社会,该不该或能不能实行社会主义,以至我们党是不是无产阶级政党,都还是问题。有些同志又认为,既然现在是社会主义阶段,"一切向钱看"就是必然的,正确的。这些错误的观点大都写成文章公然在报刊上发表,有些一直没有得到澄清。可见,理论界的一部分同志思想混乱到什么程度。(邓小平:《党在组织战线和思想战线上的迫切任务》)

这个例句,不仅非常烦琐,占据大量篇幅,而且含有多个政治色彩较浓的术语。英语读者不仅理解困难,而且可能产生反感。所以我们用语料库中的另一例句替换了这一例句:

通则不痛,痛则不通。可见,头部的血流畅通益处多多哇。

这个例句与原例句同属一个类型,非常简单易懂,其内容涉及中医的一个基本原理,西方读者更容易接受。基于同样的考虑,我们用以下例句替换本节中的例17和例18:

万物的存在不是无根据的存在,它们都直接间接地来自道。用大家的话来说,万物乃是道的物质展示,而人也是道的物质性展示。

这类例句不影响所要说明的问题,而且回避了政治问题,还纳入中医、中国哲学等西方读者相对熟悉的、有代表性的中国文化元素,在学术交流的同时,负载和传递丰富的传统文化信息,更容易为西方读者所接受,还能激发读者的阅读兴趣,最大限度地实现文化交流的目的。

5. 对类似工作的启示

长期以来，我国语言学一直在引进学习西方语言学理论，原创性不足；中国现代语言学还没有真正走出国门，尤其是没有进入国际主流语言学界。国际语言学界很少听到中国的声音。邢福义（2016b）对此感触尤深，他说："综观中国语言学的各个分支和各个领域，具有共性的突出问题主要表现在两个方面。一个方面，是创新性理论不多，原创性学说缺乏；另一个方面，是醉心摩登，急于求成，弄虚作假也随之而泛滥。"

中国语言学要真正地走向世界，任重而道远。首先，我们要大力发展具有中国特色的，有原创性的，真正基于汉语的，能够充分描述、分析和解释汉语事实的语言学理论。邢先生说，中国语言学要真正做到同国际接轨，必须以"能够跟国外理论平等对视"作为基本出发点，不能引进、引进、再引进，一味跟着跑，永远处于附庸地位。只有一方面重视"引进提高"，一方面重视"自强自立"，二者相互补充，相互促进，形成良性循环，我们的语言学科才能够真正发展起来。

中国特色语言学理论首先必须能解决汉语问题，同时努力寻求中国理论的普通语言学意义。习近平总书记在2016年5月17日全国哲学社会科学工作座谈会上的讲话中指出，"越是民族的就越是世界的。解决好民族性问题，就有更强能力去解决世界性问题，把中国实践总结好，就有更强能力为解决世界问题提供思路和方法。这是由特殊性到普遍性的发展规律"。汉语不同于印欧语言，同时也是有代表性的语言。中国语言学理论如果在解决汉语问题的同时，能够解决其他类似语言的问题，或是更普遍的语言学问题，我们的语言学理论便可以成为其他语言学理论的重要补充，为人类语言学研究发挥不可替代的作用，这是中国语言学走向世界的最终目的所在。

其次，要重视语言学理论的对外推广和译介，重视专业翻译人才的培养。学术成果的外译，对译者学术水平和语言水平的要求很高。在现阶段，汉学家译者类型与中外译者合作类型对中国语言学外译正发挥着非常重要的作用，但是要想让中国语言学系统且全面地走向国际，中国译者是责无旁贷的中坚力量。我们必须有长远的目光，认识到语言学外译的重要意义，在时间、精力和财力上大量投入。具体说来，语言学著作译者不仅应具备语言学领域的相关知识（如了解中外语言学史，国内外语言学流派，各家的概念、观点、理论和方法，国内外语言学领域的前沿和热点问题，等等），对所译著作更应仔细阅读、反复推敲、准确理解。同时，译者还应具备深厚的外文基础，了解国际学术惯例，以及目标读者的文化背景、阅读习惯，等等。国家要把翻译人才培养上升到战略高度，译介工作也要总体规划，有步骤地进行，避免重复翻译、盲目翻译、粗劣翻译造成的资源浪费。外译工作应分清语言学融入国际话语的不同阶段，做好相应的文本选择、译者模式的选择、翻译策略的选择等方面的工作。这就是说，语言学外译工作在机构层面上要统筹规划、循序渐进；在个人层面上应注重学术水平和语言水平的全面提升。

当然，中国语言学走向国际最直接、最有效的途径是我们的研究者直接用通用外语（特别是英语）写作，和国际同行交流，在国际期刊上发表成果。但目前汉语界学者能够自如运用英语写作的尚在少数，并且，已有的绝大多数经典汉语语言学著作都是用汉语完成的，因此将经典的中国语言学理论译介到国外的使命就落到了外语界学者的身上（参看束定芳，2014）。

最后，进入国外的出版发行渠道。中国语言学对外译介要遵循文化传播的规律，同时也有其自身的规律。中国语言学若要真正走向世界，应进入国际主流的出版和发行渠道。一般说来，各国际知名出版公司都有其相应的行之有效的国际发行渠道。如果译著由国际知名的出版公司出版,也就随之进入了主流发行渠道。只有这样,中国语言学的成就才能为国际认可,融入国际话语体系。

综上所述,中国语言学对外译介过程中,具有中国特色的原创的语言学理论是基础,统筹规划和重视翻译人才培养是关键,国际主流的出版发行渠道是途经。三者齐备,中国语言学理论就可以顺利走向世界了。

参考文献

Xing, Fuyi. *Modern Chinese Grammar:A Clause-Pivot Approach* [M]. Translated by Wang Yong & Dong Fangfeng. London:Routledge, 2016.

曹雪萍,金煜. 葛浩文:低调翻译家 [N]. 新京报,2008-3-21.

胡安江. 中国文学"走出去"之译者模式及翻译策略研究:以美国汉学家葛浩文为例 [J]. 中国翻译,2010,(6):10-16.

季进. 我译故我在:葛浩文访谈录 [J]. 当代作家评论,2009 (6):45-56.

江帆. 他乡的石头记:《红楼梦》百年英译史研究 [D]. 上海:复旦大学,2007.

李雪涛. 对国家社科基金"中华学术外译项目"的几点思考 [J]. 云南师范大学学报(对外汉语教学与研究版),2014 (1):1-4.

吕世生. 18 世纪以来"走出去"的中国文学翻译改写模式 [J]. 中国翻译,2013 (5):29-34.

束定芳. "国际化"与"走出去"背景下的外语界语言学研究 [J]. 中国外语,2014 (1):10-14.

王启伟. "中国文学走出去"之翻译机制与策略 [J]. 出版发行研究,2014 (8):89-92.

谢天振. 中国文学"走出去": 问题与实质 [J]. 中国比较文学, 2014 (1): 1 – 10.

邢福义. 《汉语语法学》(修订本) 自序 [M]. 北京: 商务印书馆, 2016a.

邢福义. 自信有为, 构建特色 [N]. 光明日报, 2016b – 6 – 13 (16).

岳巍, 马悦然. 中国文学需要更好的翻译 [N]. 华夏时报, 2012 – 10 – 29.

How Chinese Linguistics Can Be Introduced into the World?
—With Special Reference to the Translation of Xing Fuyi's *Modern Chinese Grammar*: *A Clause-Pivot Approach*
Wang Yong

Abstract: The English translation of *Modern Chinese Grammar*: *A Clause-Pivot Approach* (Xing, 2016) was published by Routledge. It is the result of a project supported by Chinese Fund for the Humanities and Social Sciences (15WYY002). This article discusses issues concerning how Chinese linguistics is to be introduced into the world, including the choice of source texts, cooperation between translators of the native and the target languages, and translation strategies. This discussion is meant to offer some suggestions for follow-up efforts in bringing Chinese linguistics into the international linguistic community.

Key words: Chinese grammar, Chinese linguistics, English translation

翻译研究的功能途径：理论与应用

张美芳[*]

摘要： 翻译研究已经从过去只关注两种语言的对比、文学译本的比较发展到跨文化、跨学科、多模态、高技术含量的多元学科。不过，无论怎样发展，翻译都离不开语言。即使是符际翻译，或是多模态翻译，也有一边需要语言来阐释。因此，语言学，尤其是系统功能语言学，为丰富翻译研究的概念和方法提供了坚实的理论基础。本文首先介绍翻译学的本质及研究范畴，再概述系统功能语言学在翻译研究领域的应用，最后从三个方面例解系统功能语言学在翻译研究中的应用及其意义。

关键词： 翻译研究　功能途径　理论　应用

1. 翻译学的本质与研究范畴

"在我国，人们已经习惯于用'翻译学'一词来指称翻译研究整个领域。翻译学作为一门研究翻译现象的人文学科，其学术

---

[*] 张美芳，澳门大学英文系教授，博士生导师，*Bable* 杂志联合主编。研究方向：翻译理论、话语分析、翻译教学法。

地位已得到越来越广泛的认可。"（张美芳，2015：5）本文所说的"翻译研究"和"翻译学"是同一个概念，既指作为学科的整个领域，也指这个领域的某种理论及其指导下的研究方法。

霍姆斯（Holmes，1972/1988）认为，翻译学实质上是以经验为依据的学科。经验学科通常有两大目标：一是描写经验中的特殊现象；二是建立能够解释现象和预测问题的基本原则。其研究方法的基础是观察、描写和解释。就翻译学而言，翻译过程、翻译作品及其在译语文化中的作用都是客观现象。我们（张美芳，2000；2015：3）曾把霍姆斯关于翻译学的主要目标观点归纳为两点：①描写客观翻译现象，②建立解释和预测这些现象的原则和方法体系。

那么，翻译学包括哪些研究范围呢？如图 1 所示，霍姆斯（Holmes，1972/1988）把翻译研究分为三大分支：①描写翻译研究（DTS），②翻译理论（TTh），③应用翻译研究（ATS）。描写翻译研究和翻译理论同属纯研究性质。描写翻译研究包括三个导向的研究：①产品研究（product-oriented），②过程研究（process-oriented），③功能研究（function-oriented）。产品研究是传统译学的重要组成部分，主要是对翻译作品进行研究，其中包括对个别译本进行描述和对同一作品的不同译本进行比较；译本比较可以是历时的（不同时期的译本比较），也可以是共时的（相同时期的译本比较）。霍氏相信，译作研究的结果最终有可能成为一部大型的翻译通史。

过程研究关注的是翻译行为本身。译者在翻译过程中如何创造一个全新的但又多多少少与原文吻合的译文？他那个小小的"黑匣子"（blackbox）是如何运作的？过去此研究领域极少有人问津，因为涉及的问题非常复杂。霍姆斯认为，随着心理学的发展，也许终有一天翻译"黑匣子"之谜可以解开。到那时，就有可能出现心理翻译研究（psycho-translation studies）的分支。

近十年,认知途径研究翻译过程已经成为热门的话题。

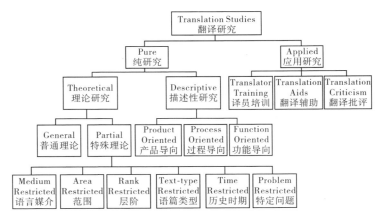

图 1　霍姆斯翻译研究图

(资料来源:张美芳,2015:4,根据 Toury,1995:10)

功能研究者感兴趣的并非对翻译作品本身的描写,而是关注它们在目的语文化社会中的作用,其研究的重点是语境对文本再创作的影响。研究的范围包括:何种文本在何时何地被翻译?原因何在?影响翻译作品的因素是什么?霍氏指出,该范围的研究与社会学有紧密联系,因此有可能促成社会翻译研究(socio-translation studies)的产生。

自霍姆斯的译学构想问世至今,四十余年已经过去,人类在思想文化领域和科学技术方面都取得了长足的进步;翻译学作为一个与社会实践紧密相连、充满活力的学科,更是发生了巨大的变化。我们(张美芳,2017)做过调查,翻译研究的发展归纳起来大概有这么几个方面:①翻译研究的跨学科特征不断刷新纪录,同时拓宽了翻译研究的途径及方法;②高科技工具辅助使得翻译研究中的传统分支获得了新的内涵;③翻译学已经发展成为一门独立的、方兴未艾的学科。描写翻译研究和应用翻译研究两方面的发展尤为迅速（见图2和图3），而这两个领域也正是系统功能语言学最能发挥作用的地方。

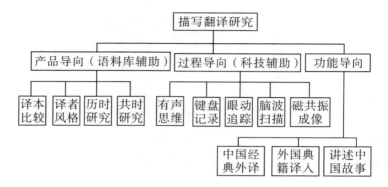

图2　发展中的描写翻译研究

（资料来源：张美芳，2017）

霍姆斯在他的译学构想中对应用翻译研究着墨极少。如今，应用翻译研究发展的脚步很快，快得让人要急起直追。本文作者曾试图把当时应用翻译研究的发展加入霍姆斯的框架中（张美芳，2005：9，2015：7），但是很快就落后于现实发展了，于是2017年再次总结归纳了应用翻译研究的发展成果。从图3可以看到，应用翻译研究借助科学技术，如雨后春笋般地发展起来。总的说来，功能语言学在翻译教学和翻译批评两个分支特别有用。

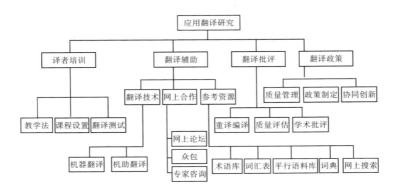

图 3　发展中的应用翻译研究

(资料来源：张美芳，2017)

霍姆斯认为，描写、理论和应用是翻译研究的三大分支，任何一方都在为另两方提供参考资料，也都在吸取和利用另两方的研究成果。例如，翻译理论离不开描写翻译研究和应用翻译研究两大分支所获得的大量具体的数据资料；反过来，如果没有任何理论做前提，描写翻译研究和应用翻译研究也无从开始。因此，描写、理论和应用三大分支的关系是辩证的、平等的。此外，霍姆斯译学构想图又是开放性的。"翻译研究"是整个架构的核心，也是最上层的概念，各个分支在这个概念下拓展、延伸（见张美芳，2017）。

2. 概述系统功能语言学在翻译研究领域的应用

从 20 世纪 90 年代初开始，语篇分析逐渐在翻译研究中占了重要的位置。曼迪指出，"韩礼德的系统功能模式是目前语篇分析中影响最大的分析模式"（Munday，2001：88）。到目前为止，比较成功地把韩礼德的语篇分析思想应用于翻译研究的著作包括：《语篇与译者》(Hatim & Mason, 1990),《翻译与翻译过程：理论与实践》(Bell, 1991),《换言之：翻译教程》(Baker, 1992),《译者即交际者》(Hatim & Mason, 1997),《再论翻译质量评估的模式》(House, 1997),以及《翻译中的评价：译者决策中的关键点》(Munday, 2012)。此外，还有近年来我们参与撰写和编辑的一些专辑，例如：《功能途径论翻译：以英汉翻译为例》(张美芳, 2015),《翻译中的语篇分析》(*Discourse Analysis in Translation Studies*, Munday & Zhang, 2015 /2017),《语篇分析途径翻译研究的创新》("Innovation in Discourse Analytic Approaches to Translation Studies", Zhang & Munday, 2018),《笔译和口译中语篇分析的发展》(*Advances in Discourse Analysis of Translation and Interpreting*, Wang & Munday, 2020),《中英翻译中的多模态研究》(*Multimodal Approaches to Chinese-English Translation and Interpreting*, Zhang & Feng, 2020)。

除了上述专著或专刊外，也有无数的学术论文应用了语篇分析途径。我们（张美芳、潘韩婷、陈曦、罗天，2015）曾采用文献计量学的方法，调查8本国际期刊及10本国内期刊的语篇翻译研究论文发表的总体趋势及应用语篇分析理论的情况。调查发现，中外两类期刊论文讨论最多的是衔接问题、主位结构与信息结构、文本层阶和翻译单位、符号和多模态，以及译文中的评价语言与译者态度。下节将用译例来阐释系统功能语言学在翻译教学及研究中三方面的应用。

3. 例解系统功能语言学在翻译研究中的应用

翻译研究（TS）是一门跨文化跨学科的研究领域，需要借鉴相关学科的理论和方法论来发展和规范自身的研究方法，系统功能语言学（SFL）可为翻译研究提供这方面的借鉴。系统功能语言学在翻译研究中的应用涉及方方面面，限于篇幅，以下仅就三个方面进行阐述：①翻译转换论与翻译方法，②翻译中的语境重建，③译者的态度定位。

3.1 翻译转换论与翻译方法

卡特福德（J. C. Catford）的《翻译的语言学理论》（*A Linguistic Theory of Translation*，1965）可能是最早把系统功能语法引入翻译研究的著作。卡特福德曾在爱丁堡大学执教多年，在撰写该书的过程中，曾与系统功能语言学的创始人韩礼德反复讨论。卡特福德（1965）在书中承认，他所采用的普通语言学理论基本上是爱丁堡大学的，尤其是韩礼德提出的理论，而这些理论又在很大程度上受到弗斯（J. R. Firth）学说的影响。他把翻译理论看成是应用语言学的一个分支。

卡特福德（Catford，1965：20）认为，翻译这个词本身就是指把一种语言转换成另一种语言的过程，也就是指把一种语言的语音、文字、词汇和语法等系统转换成另一种语言的相应系统。他尝试用韩礼德（Halliday，1956，1961）的阶和范畴语法（Scale and Category Grammar）思想来建立一个基于语言学的翻译理论模式。他提出了翻译转换论，认为翻译中有两种转换：①层级转换（level shifts），②范畴转换（category shifts）。

层级转换包括了不同的语言层级：语音、词形、语法、词汇等；范畴转换指句子、小句、意群、词、词素等。卡特福德认为，根据翻译的层级转换，翻译可分为完整翻译（total translation）和有限翻译（restricted translation）；而根据语言的级阶（范畴）转换，翻译可分为逐词翻译（word-for-word translation）、直译（literal translation）和意译（free translation）。逐词翻译是建立在单词级阶上的等值关系；而意译则不受限制，可在上下级阶变动；直译则介于逐字翻译与意译之间。

卡特福德的翻译转换论成了翻译理论发展的里程碑，他也因此书而被世界各地翻译界的读者认识，奈达称他为世界上最有影响的翻译语言学家（Nida，1993：161）。曼迪则认为，此书是卡特福德"把语言学理论系统地运用于翻译研究的重要的尝试"（Munday，2001：61）。尽管他的理论也被批评为"本质上是纯粹的语言学，关注语法或词汇"而不是翻译本身（Shuttleworth & Cowie，1999：152），但不可否认的是，他的翻译转换论对后来的机器翻译有重要的启示，也为理解语言之间的翻译奠定了基础。

我们（Zhang & Pan，2009）曾介绍过中国翻译学者在翻译转换方面的论述，并认为，全国通用的翻译教程中的翻译方法或多或少受到对比语言学或是语言转换论的影响。例如在20世纪80年代出版的全国统编翻译教程（张培基等，1980），里面讲述的翻译方法包括：词义的选择/引申/褒贬、词类转译法、增词法、重复法、省略法、正反/反正表达法、分句/合句法/被动语态的译法、从句的译法、长句的译法、习语/拟声词/外来词的译法等。这些翻译方法和卡特福德的翻译转换论是吻合的（见表1）。

表1 《英汉翻译教程》的中英翻译方法与卡特福德的翻译转换论的配对

翻译转换论	中英翻译方法
词义－语义转换	词义的选择、引申、褒贬
	词类转译法
	增词法、重复法、省略法
结构转换、重组	正反、反正表达法
	分句、合句法
	具体－概略、概略－具体
	被动语态的译法
	从句的译法、长句的译法

(续上表)

翻译转换论	中英翻译方法
语言系统、文化层面的转换	替代法
	外来词的译法
	习语、拟声词的翻译

张培基等（1980）在翻译教程中归纳出来的翻译方法在中英翻译教学中应用至今。虽然自90年代后出版的翻译教程里面多了一些方法术语，例如：变通和补偿手段、视点转换、具体化、概略化、归化、异化等，但是如果要具体讨论如何变通和补偿，如何异化归化译文的话，还是要回归到张培基等的翻译教程中提出的具体的语言转换手段。

3.2 翻译中的语境重建

韩礼德（Halliday，1994/2000：41）指出，"语言分析有助于我们了解文本是否恰如其分地体现其目的——或在哪些方面恰到好处，又在哪些方面未达目的。"语境分析是翻译过程中重要的一环。因为"每一个语篇都是在特定的社会文化环境中起交际作用的，属于特定的社会文化背景的人通常都能看出其交际目的"（张美芳、黄国文，2002）。"在实际翻译中，译者既是原文的接收者，又是译文的生产者。他在接受原文的过程中要进行语篇分析，在生产译文时同样要进行语篇分析，而且要将两次分析的结果进行比较，才能更好地完成翻译任务。"（张美芳，1999，2001，2015：96）我们都知道，语篇分析涉及对语场、语旨和语式的分析，而翻译中的语篇分析，"在大多数时候，虽然译文与原文的'语场'相同，但是'语旨'却不一样；语旨发生变化，'语式'也就随之变化"（同上）。

下面我们来分析一则公示语（见例1），在此我们假设中文是原文，英文是译文。

[例1] 来自香港的公示语：

来自香港某商场的公示语	原文及直译	使用中的译文
	原文： 年纪细　学姿势 小心梯边夹脚仔 直译： Age young, learn the right posture. Mind the step edge (that may) press your toes.	译文： Stand clear, keep your toes away from the step edge.

语篇分析：例1中的公示语出现在香港中环的一个购物中心，是用粤语口语、带有诗韵的形式写成的。对于香港的爸爸妈妈和孩子们来说，这种语言形式还是很亲切和有幽默感的。因此，我们相信这个粤语文本是成功的。可是，如果将其直译成英文，可能是这样：Age young, learn the right posture. Mind the step edge (that may) press your toes. 外国人面对这样的英文，估计会感到不知所云了。因此，译者根据不同的目标读者，用英语中常用的方式，使用两个祈使句来提醒小朋友不要站得太靠近电梯边，以免夹伤脚趾：Stand clear, keep your toes away from the step edge.

再看例2：

[例2] 不同场景使用不同的公示语:

源文本	目标语1：用于公共场所	目标语2：用于危险场所

例2是一则常见的英语公示语 No Smoking。这则英文公示语适用于任何场合，但是翻译成中文就要讲究多了，因为不同的场合使用不同的中文版本更能体现公示语的效果。尽管这是一个很简单的文本，我们翻译时也要做语境分析，根据需要来制作中文版本。如果是用于公共场所（如餐馆、车站、学校等），需要使用礼貌用语"请勿吸烟"；如果是用于危险的地方（如油站、工厂等），措辞可以直接，甚至带有祈使的口吻"禁止吸烟"，或是"严禁吸烟"，因为安全问题事关重大。

以上两个简短的例子，说明翻译并不是简单地把一种语言文字转换成另一种语言文字的操作，而是需要做语篇分析，需要在脑子里面重构目标文本使用的语境，才能翻译出适用的译文来。在进行语篇分析、语境重构的时候，系统功能语言学可以给我们理论支持。

3.3 译文中的评价语言和译者的态度定位

人们常说,同一个原文,100个人翻译就会有100种译本,每个译本都会不一样。这就说明,译者的知识结构、人生经验、翻译技巧和对文中的人与事物的态度都会影响他的翻译。语言学途径以外的学者很多时候都把译文中所反映出来的不同看成是译者的主观性(the translator's subjectivity)来研究;而功能途径翻译研究者们更多的是把译者的主观性看成是一种态度定位,在这方面的研究中,马丁和怀特(Martin & White, 2005)的《评价语言:英语评价系统》一书给了研究者很好的研究理论及分析框架(见图4)。

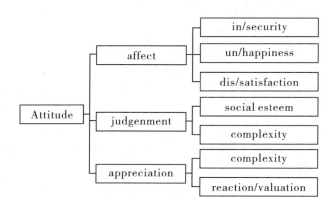

图4 态度的评价资源

(资料来源:Martin & White, 2005)

我们(张美芳,2002)曾经借用系统功能语言学里面的评价概念(Thompson,1996:65)以及马丁和怀特(Martin & White, 2005)的评价理论框架(见图5),对翻译中的现象进行了研究,其中的一个发现是：由于英、汉两种语言的表达形式不尽相同，不同语篇类型的语言体现形式也有不同的表现形式，并反应了译者的态度。

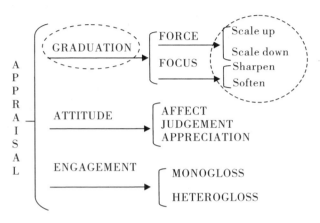

图5　语言的评价资源

（资料来源：Martin & White, 2005：38）

例如我们引用了《21世纪英文报》2000年的一篇报道，分析原文和译文的差异（张美芬，2002）：

[例3] The first elected Russian president, the man who declared what once was the world's largest nation, the Soviet Union, extinct, Boris Yeltsin resigned on December 31, 1999 after eight years in power. (21st Century, Jan. 6, 2000)

作为俄罗斯第一位民选总统，作为宣布世界上最大的国家——苏联——解体的一代巨人，叱咤俄罗斯政坛八年的叶利钦于20世纪最后一天黯然辞职。(《21世纪英文报》，2000年1月6日)

例3 原文和译文都是源自2000年1月6日《21世纪英文报》第一版。对照原文与译文，我们可以看到，原文（英文版）用词客观、朴实；而译文（中文版）带有强烈的评价成分与浓厚的感情色彩。译者按照自己的经验与判断，增加了原文没有的评价意义，评价叶利钦为"叱咤俄罗斯政坛"的"一代巨人"，用带有伤感的修饰词"黯然"来形容叶利钦的"辞职"。从译者所用的褒义词可看出，译者赞赏叶利钦，且对其辞职表示同情。如果用传统的标准来衡量，该译文是不忠实的；然而，正如Thompson（1996：65）所说，"不同的语篇类型有不同的标度"，报纸是一种传媒，它既要传递客观的信息，也因要争取最大的读者群而采取一些渲染的修辞手段。

在同一篇文章（张美芳，2002）里面，我们还分析了一段杨必先生翻译英国名著《名利场》的译文。小说中描绘女子学校校长巴巴拉·平克顿是这样给其学生写推荐书的：

[例4] Although schoolmistresses' letters are to be trusted no more nor less than churchyard epitaphs; yet, as it sometimes happens that a person departs his life, who is really deserving of all the praises the stone-cutter carves over his bones; who is a good Christian, a good parent, child, wife or husband; who actually does leave a disconsolate family to morn his loss; …

一般说来，校长的信和墓志铭一样靠不住。不过偶然也有几个死人当得起石匠刻在他们朽骨上的好话，真的是虔诚的教徒，慈爱的父母，孝顺的儿女，贤良的妻子，尽职的丈夫，他们家里的人也真的哀思绵绵地追悼他们。（杨必译）

传统的翻译批评可能会说，杨必先生把一个"good"译得文采飞扬，典雅艳丽，令人赏心悦目，将其深厚的文学功底和翻译技巧表现得淋漓尽致。杨必翻译的《名利场》，得到广泛的认同与赞赏，南木曾高度评价杨必的翻译，认为"在语言的运用上，译笔全然不受原文一词一句形式的羁绊，而以现代汉语的规范为依归，玲珑剔透，驰骋自如。主要表现为，译文选词精粹，色调鲜明，形象入微"（引自罗新璋，1984：850）。运用评价理论来分析，我们可以说，译者将原文的一个词"good"，根据所搭配的词来推测出具体的语境，然后根据不同的语境和角色译出了五个评价词"虔诚的"教徒、"慈爱的"父母、"孝顺的"儿女、"贤良的"妻子、"尽职的"丈夫。虽然没有用一个对应原文的"好"字，却从一个"好"的概念中升华出五种有具体意象的理想角色。杨必的译文得到那么多读者的赞扬，这说明了中国读者认同杨必对文中所提的五种理想角色的评赏。

我在这篇论文中笼统地认为以上发现都属译文在"态度"上的增减（张美芳，2002）。后来在某一次学术会议上，我跟Martin 讨论过这则翻译的评价资源，他认为，从 good 衍生出五个具体的人物形象，应该属 graduation，即是译者将原文中对五个人物角色的评价，从比较概略或模糊的"好"上升为一个个清晰的、具带语境的理想角色的形象，既可以说力度更强（scale up the force），也可以说聚焦更清晰（sharpen the focus）。

下面表 2 和表 3 用的译例完全一样，不同的是分析的焦点，表 2 关注的是翻译方法，表 3 关注的是译者的态度定位。当我们讲翻译方法的时候，可能只是关心译者在翻译过程中采用了什么方法，改变了原文的哪些句子成分或内容；而当我们分析译者的评价取向时，就要讨论译文里面被改变的部分承载着译者的态度和理由。我们（例如张美芳，2002，2011；钱宏，2007；Zhang，2013）曾多次研究过翻译中译者的态度是如何反映在译文之中，并探讨其中的原因。我们发现，以韩礼德系统功能语言学为基础发展起来的评价理论框架，有助于比较客观地描述和阐释译者的态度定位及相关的因素，如表2和表3中的例子所示。

表2 译例解释翻译方法

序号	原文	译文	翻译方法
例5	Kissinger is an American politician, diplomat.	基辛格是美国的一位<u>政治家</u>、外交家。	词义的选择
例6	Pompeo is an American politician, diplomat.	蓬佩奥是美国的一个<u>政客</u>，外交官。	词义的选择
例7	李克强答记者问<u>精彩</u>语录（中国日报网站）	Quotes from Premier Li's press conference (Agencies)	省略
例8	Davos 2017: Can Xi Jinping be star of the show? (BBC news, Jan. 16, 2017)	习近平在达沃斯论坛成<u>超级</u>巨星（学生习作）	增译

表3 译例解释译者的态度定位

序号	原文	译文	译者的态度定位
例9	Kissinger is an American politician, diplomat.	基辛格是美国的一位<u>政治家</u>、外交家。	评赏（褒义）(positive appreciation)
例10	Pompeo is an American politician, diplomat.	蓬佩奥是美国的一个<u>政客</u>，外交官。	评赏（贬义）(negative appreciation)

(续上表)

序号	原文	译文	译者的态度定位
例11	李克强答记者问**精彩**语录(中国日报网站)	Quotes from Premier Li's press conference (Agencies)	评价被省略 (appraisal omitted)
例12	Davos 2017: Can Xi Jinping be star of the show? (BBC news, Jan. 16, 2017)	习近平在达沃斯论坛成**超级**巨星(学生习作)	评赏被放大 (appreciation scale up)

词义的选择是一种常用的翻译方法。例5和例6的英文句子中都有politician一词,形容的两位都是美国要人。如果对这两人一无所知,很可能就都翻译成"政治家",或都是"政客"。但是,译者应该是了解所述人物的背景及其与中国的关系的,因此在选词时,形容基辛格是"政治家",蓬佩奥是"政客",因为前者在中美历史上起过积极的作用,后者则是信口开河、打压中国的美国国务卿。从这个例子看来,即使用常用的翻译方法,译者也是需要有广博的知识和深厚的语言基本功的。用评价理论来分析例9和例10,就可以更清楚地了解两个译文反应了两种不同的态度。

例12的原文是英文新闻标题,是个疑问句。而译文不仅将疑问句翻译成陈述句,还增加了"超级"一词。为了强化效果,增加形容词、副词是常见的现象,在翻译方法中就是"增译"(见例8),但是增加了什么?我们分析翻译方法的时候是不大追究的,但是,要研究译者的态度时就要讲究了。借助评价理论,我们知道,原文中的star是带有评赏意义的,而翻译成"超级巨星"是把原文的评赏意义提升和强化了(scale up)。

4. 结语

本文简要介绍了系统功能语言学在翻译研究中的一些应用，其中包括卡特福德（Catford, 1965）根据韩礼德系统功能语法所提出来的翻译转换理论对翻译方法论的影响，翻译过程中语境分析对语境重建和对译文生产的作用，以及译文中的评价语言和译者的态度定位。通过以上的描述分析，我们可以看到，系统功能语言学作为一种适用语言学，有助于我们对翻译中的许多问题进行系统的描写和解释。韩礼德（Halliday, 1994/2000: 41）曾说过，语言分析有助人们根据文本的目的去判断哪个是好文本、哪个是不好的文本——在哪方面它是成功的，在哪方面它是失败的，或是不是那么成功的。拿到翻译语境来说就是，语篇分析有助于我们根据译文的目的，判断哪个是合适的译文，哪个不是那么合适的译文；译文在哪些方面是成功的，在哪些方面不是那么成功甚至是失败的。正由于以韩礼德的系统功能语言学为基础的语篇分析有这样的作用，目前它在翻译学领域中，尤其是描写翻译研究和应用翻译研究分支中依然朝气蓬勃，方兴未艾。

参考文献

Baker, M. *In Other Words: A Coursebook on Translation* [M]. London & New York: Routledge, 1992.

Bell, R. T. *Translation and Translating: Theory and Practice* [M]. London & New York: Longman, 1991.

Catford, J. C. *A Linguistic Theory of Translation* [M]. London: Oxford University Press, 1965.

Halliday, M. A. K. *An Introduction to Functional Grammar* [M]. 2nd edn. London: Edward Arnold, 1994/2000.

Halliday, M. A. K. Categories of the Theory of Grammar [J]. *Word*, 1961, 17: 241 – 292.

Halliday, M. A. K. Grammatical Categories in Modern Chinese [J]. *Transactions of the Philological Society*, 1956, 55 (1): 177 – 224.

Hatim, B. Mason, I. *Discourse and the Translator* [M]. London: Longman, 1990.

Hatim, B. & Mason, I. *The Translator as Communicator* [M]. London & New York: Routledge, 1997.

Holmes, J. The Name and Nature of Translation Studies [C].//J. Holmes (ed.). *Translated! Papers on Literary Translation and Translation Studies*. Amsterdam: Rodopi, 1972/ 1988: 67 – 80.

House, Juliane. *Translation Quality Assessment: A Model Revisited* [M]. Gunter Narr Verlag Tubingen, 1997.

Martin, J. R. & White, P. R. R. *The Language of Evaluation: Appraisal in English*[M]. London & New York: Palgrave Macmillan, 2005.

Munday, J. *Introducing Translation Studies: Theories and Applications* [M]. London & New York: Routledge, 2001/2008/2012.

Munday, J. *Evaluation in Translation: Critical Points of Translator Decision-making* [M]. Oxon & New York: Routledge, 2012.

Munday, J. & Zhang, Meifang. *Discourse Analysis in Translation Studies* [翻译中的语篇分析] [M]. Amsterdam: John Benjamins, 2017. [The contents of this collection were previously published in *Target* 2015, 27(3).]

Nida, E. A. *Language, Culture and Translation* [M]. Shanghai: Shanghai Foreign Language Education Publishing House, 1993.

Shuttleworth, M. & Cowie, M. *Dictionary of Translation Studies* [M].

Manchester: St. Jerome Publishing, 1997.

Thompson, G. *Introducing Functional Grammar* [M]. London: Arnold, 1996.

Toury, G. *Descriptive Translation Studies and Beyond* [M]. Amsterdam & Philadelphia: John Benjamins publishing Company, 1995.

Wang, B. & Munday, J. (eds.) *Advances in Discourse Analysis of Translation and Interpreting*[笔译和口译中语篇分析的发展][M]. London & New York: Routledge, 2020.

Zhang, Meifang & Munday, J. *Innovation in Discourse Analytic Approaches to Translation Studies*[语篇分析途径翻译研究的创新][J]. *Special Issue of Perspectives: Studies in Translation Theory and Practice*, 2018, 26 (2).

Zhang, Meifang & Feng, Dezheng (eds.). *Multimodal Approaches to Chinese-English Translation and Interpreting* [M]. London & New York: Routledge, 2020.

Zhang, Meifang & Pan, Li. Introducing a Chinese Perspective on Translation Shifts: A Comparative Study of Shift Models by Loh and Vinay & Darbelnet[J]. *Special Issue of The Translator: Chinese Discourse on Translation*, 2009, 15 (2): 351-74.

Zhang, Meifang, Pan, H., Chen, X. & Luo, T. Mapping Discourse Analysis in Translation Studies via Bibliometrics: A Survey of Journal Publications [J]. *Perspectives: Studies in Translatology*, 2015, 23(2): 223-239.

Zhang, Meifang. Stance and Mediation in Transediting News Headlines as Paratexts[J]. *Perspectives: Studies in Translatology*, 2013, 21 (3): 396-411.

罗新璋. 翻译论集 [C]. 北京：商务印书馆, 1984.

钱宏. 运用评价理论解释"不忠实"的翻译现象：香水广告翻译

个案研究[J]. 外国语, 2007 (6): 57-63.
张美芳. 从语境分析中看动态对等论的局限性[J]. 上海科技翻译, 1999 (4): 10-13.
张美芳. 翻译学的目标与结构: 霍姆斯的译学构想介评[J]. 中国翻译, 2000 (2): 66-69.
张美芳, 黄国文. 语篇语言学与翻译研究[J]. 中国翻译, 2002 (3): 3-7.
张美芳. 语言的评价意义与译者的价值取向[J]. 外语与外语教学, 2002 (7): 15-18.
张美芳. 翻译研究的功能途径[M]. 上海: 上海外语教育出版社, 2005.
张美芳. 翻译中的超文本成分: 以新闻翻译为例[J]. 中国翻译, 2011 (2): 50-55.
张美芳. 功能途径论翻译: 以英汉翻译为例[M]. 北京: 外文出版社, 2015.
张美芳, 潘韩婷, 陈曦, 罗天. 语篇分析途径的翻译研究: 回顾与展望[J]. 中国翻译, 2015 (5): 25-32.
张美芳, 后霍姆斯时期翻译研究的发展: 范畴与途径[J]. 中国翻译, 2017 (3): 18-24.
张培基, 喻云根, 等. 英汉翻译教程[M]. 上海: 上海外语教育出版社, 1980.

Functional Approaches to Translation Studies: Theories and Applications
Zhang Meifang

Abstract: In the field of Translation Studies (TS), great changes have taken place over the past few decades. Traditionally, translation studies almost equaled to contrastive linguistics and comparative literature. Nowadays, its focuses have extended from languages to cultures, to multi-disciplinary subjects, and to multimodality in translation. However, no matter how it has developed, TS is inseparable from language. Even in inter-semiotic translation, or multimodal translation, language has an important part to play. Therefore, linguistics, especially systemic functional linguistics (SFL), provides important theoretical foundation for enriching the theories and methods of TS. This article first introduces the research scope of this subject area, then outlines the application of SFL in three aspects of translation studies. The three aspects are: SFL's influence on translation methods, the theoretical support for the re-contextualization in translation, and Appraisal Theory for the analysis and interpretation of the translator's attitudinal positioning reflected in the translated texts.

Key words: Translation Studies, functional approaches, theories, applications

国学漫画投射中构图意义的多模态构建*
——以《中庸》漫画翻译本为例

朱薪羽**

摘要: 本文试图从构图意义的角度,以《中庸》中的投射现象为例,通过对比分析原文和漫画转写本投射机制的异同,阐释国学漫画语篇中投射的构图意义实现机制,并指出《中庸》漫画本中投射的构图意义不仅实现了与其原文语篇功能的相对对等,也展现出更为独特复杂的多模态语法语义机制。

关键词: 国学漫画 投射 符际翻译

1. 引言

随着电子科技的发展,中国传统文化的传播也逐渐趋于多模态化。其中,国学典籍的传播媒介也由语言文本发展出众多的多模态转写语篇,以符合中华文化软实力输出的迫切需求。在这些多模态转写本中,意义由语言符号系统和包括图像、声音、体态

---

* 本文为广东省哲学社会科学"十三五"规划项目"国学经典漫画的投射再符号化构建研究"(GD18CWW06)的阶段性成果。

** 朱薪羽,女,辽宁辽阳人,中山大学外国语学院博士生。

和视频等在内的多种非语言符号系统共同构建。因此，对国学经典的多模态转写属于符际翻译范畴，即从语言系统到非语言符号系统的转换（O'Halloran et al., 2016）。目前学界对国学典籍的翻译研究主要集中在语内翻译研究（黄国文，2012；陈吉荣，2017）、语际翻译中的英译研究（黄国文、陈莹，2014；蔡永贵、余星，2018；王福祥、徐庆利，2013）和文化传播研究（谷慧娟，2019；杨小玲，2011）。以上这些研究重点探讨了国学经典语言系统的翻译过程，但对从语言系统到非语言系统，以及多模态语篇之间的符际翻译过程的研究尚未引起广泛关注，且对于目前传播较广的国学经典漫画转写本的研究也并不多见。在这些广泛传播的国学经典漫画中，多模态投射结构是最为常见的表意机制之一。区别于语言投射，多模态投射呈现出较为独特的表意特征，故对这些特征的界定对分析国学经典的符际翻译过程尤为重要。因此，本文以系统功能语言学指导下的符际翻译理论为依据，试图探讨符际翻译过程中投射的多模态化表意机制，并以《中庸》漫画中的投射现象为例，通过对比分析原文和漫画转写本投射机制的异同，阐释国学漫画语篇中投射的构图意义实现机制。

2. 研究对象及理论依据

2.1 国学漫画

桑兵（1996）指出，国学在近代之后被用于概括中国传统学术思想，即"相对于新学指旧学，相对于西学指中学"。根据这个概念，本文将国学漫画定义为将中国传统学术思想及其作品经过符际翻译，转写为漫画的表现形式。在当今这个"读图的时代"（王宁，2014），国学漫画结合了图像的直观性和文字的概括性，在国学经典文化传播方面具有语言文本无法比拟的独特优势。比起由较为晦涩的文言文撰写的国学典籍原文，经过符际翻译的国学漫画语篇更符合新时代中外读者碎片化、视觉化、浅表化的阅读习惯（龙明慧，2020），因此具有较高的传播性和更为广泛的受众群体。这种特点使其成为中国文化输出的一个重要媒介。在目前所出版的国学漫画中，蔡志忠所译著的中国传统文化经典漫画系列是其中一个较为成功的典范。该系列作品以其简单的语言表述、形象的画面表征和独到的文化见解，畅销海内外近50个国家，成为中国文化"走出去"的主要作品之一。本文选取了其代表作《中庸：和谐的人生》（以下简称《中庸》漫画）作为主要研究语料，对其投射结构的构图意义实现机制进行阐释。

2.2 社会功能多模态路径的符际翻译研究

Jakobson（1959：23）提出了语言符号翻译的三种形式，即语内翻译、语际翻译和符际翻译。语内翻译指的是一个语言系统内部的翻译过程，如由文言文到白话文的翻译。语际翻译是指由一个语言系统到另一个语言系统的翻译。而符际翻译的概念则涉及非语言符号系统，指的是由语言符号系统到非语言符号系统的翻译过程，其考察的是语篇从一个符号系统转换到另一个符号系统的过程中表意资源和意义潜势的变化。

Matthiessen（2007）从社会功能多模态（socio-functional multimodality）视角解释了符际翻译的可行性和合理性。他指出，系统功能语言学的层级模式可为分析多模态语篇提供两个视角，即自上而下的视角（view from above）和自下而上的视角（view from below）。从层级模式的顶端往下看，即从引导多模态交际的情景语境和文化语境进入，不同符号表意资源系统在同一语境下相互统一、相互融合、协同表意。反之，从层级模式的底端（表达层）向上看时，不同符号资源系统呈现出显著的差异性，具有各自独特的表意系统和模态特征,且在各自的模态领域内运作。因此,当层级模式维度向上增加时,从语境层、语义层到表达层,不同符号资源系统的差异性逐渐扩大;反之,则逐步缩小。

如图1所示,在表达层内,不同模态具有其独特的表达系统,而系统间的差异在向上看的过程中逐渐缩小,最后汇聚在意义层的一个点上。此意义聚集是由不同符号系统的表达资源共同实现的,故在这一点上,一个符号系统内的实体(如文本、绘画、音乐等)可由另一个符号系统实现(Matthiessen,2007:3),即符际翻译。而在此过程中,原实体的语篇意义在何种程度上被再现出来,需要进行系统化的分析。

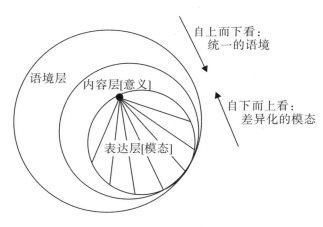

图1 多模态层级模式

(资料来源:Matthiessen,2007:3)

功能语言学理论因其适用性和阐释性,很大程度上弥补了 Jakobson 符际翻译理论的缺陷,并为其建立了可应用于语篇分析的理论模式(O'Halloran, et al., 2016)。根据这种社会功能多模态的研究路径,O'Halloran 等学者(2016)提出了以系统功能理论为基础的符际翻译模型,并通过一系列相关实例分析研究初步证实了功能语言学途径的符际翻译分析模式的可行性。

该分析框架与黄国文（2004）等学者所提出的系统功能路径的翻译研究理论是一致的,即侧重于对翻译过程中功能意义对等的研究。因此,社会功能多模态的符际翻译研究需要对不同符号资源的意义潜势及其相互融合以实现概念、人际、语篇三大元功能的表意机制进行阐释。值得注意的是,在分析的过程中既要看到不同符号系统间在表达层的差异,也要看到它们在意义层和语境层的融合。

2.3 文字和图像语篇中投射的构图功能分析模式

在语言符号系统中,Halliday（1994）将投射定义为一种逻辑语义关系,即言语者或思考者通过言语过程或思维过程对（非直接）主客观经验进行二次表征。由言语过程投射的为述说,由思维过程投射的为观点。其实现方式以小句复合体为单位,即"投射小句+被投射小句"。这种投射现象并非语言符号系统所独有,在非语言符号系统（如图像）及多模态语篇中也存在对非直接主客观经验的表征现象。因此,视觉语法将系统功能语法中的投射理论扩展到了图像符号系统。视觉语法对投射现象的定义是从再现意义（representational meaning）层面展开的。根据 Kress & van Leeuwen（2006）,图像中的言语过程和思维过程由矢量,即图像资源中的斜线实现。由对话泡构成的矢量表征言语过程,由思维泡构成的矢量表征思维过程。对话泡和思维泡的矢量所指向的图像即为言语者和思考者,而其内部所包含的符号为所投射的言语或思想。与语言投射不同,这种图文多模态投射结构是对语言和图像两种符号资源的整合利用,故有其独特的表征结构和组合模式。

然而,视觉语法对多模态投射的表意结构并没有进行深入的解析，而是停留在对其所涉及的过程类型的定义和区分上。对图文多模态投射的表征结构和其在三大元功能层面上的实现机制仍有待深入研究。因此，本文以系统功能语言学指导下的符际翻译理论为依据，试图从构图意义的角度解析图文多模态投射的表意机制，并以《中庸》漫画中的投射现象为例，通过对比分析原文和漫画转写本在符际翻译过程中投射机制的变化，阐释国学漫画语篇中投射的构图意义实现机制。

3. 国学经典原文和漫画投射的构图意义系统

根据以上的理论依据，本文构建了对比分析国学经典原文和国学漫画投射构图意义的分析框架（见表1）。该框架从词汇语法层、语义层和语境层这三个层次对国学经典的符际翻译过程进行分析，各层级之间的关系为实现（realization）和示例（instantiation）。首先，在对词汇语法层进行分析时，由不同符号资源组成的语篇有其不同的投射语法结构和意义实现方式。因此，在对文字投射进行分析时，本文主要依据系统功能语言学的投射理论和元功能理论。而对图文投射的分析则引入了据视觉语法的投射分析框架（Kress & van Leeuwen, 2006）和漫画图文排版及连贯分析框架（Bateman et al., 2017; Tseng & Bateman, 2018）。其次，在词汇语法层上，由文字投射实现的语篇意义主要包含主位-述位结构、重复模式和连贯机制。与其相对应的由图文投射实现的构图意义包含显著性、取景、图文排版和连贯机制。最后，我们从语境层面的再语境化角度对符际翻译过程中语境的变化进行探讨。

表1　国学经典原文和漫画投射的构图意义分析框架

层级			国学经典原文	国学漫画
语境层	文化语境		传统中国文化	现代中国文化
	情景语境	语场	原文的主题思想和情节内容	漫画译文的主题思想和情节内容
		语旨	原文作品内部的人物关系	漫画译作内部的人物关系；译者和读者的交际活动
		语式	原文表意媒介或渠道的选择	漫画表意媒介或渠道的选择
意义层			投射的语篇意义	投射的构图意义
词汇语法层	语言单模态投射 ↓ 图文多模态投射		投射的主位-述位结构（Thematization）；投射的重复模式（Repetition）；投射的连贯机制（Conjunction）	投射画格的显著性（Salience）；投射画格的取景（Framing）；投射画页的图文排版（Image-text Layout）；投射画页的图文连贯机制（Multimodal Conjunction）

3.1　《中庸》原文投射的构图意义

《中庸》原文所涉及的投射结构为语言单模态投射，由投射小句和被投射小句的逻辑语义关系实现，其语义展开方式是线性的。在述说投射中，投射小句以言语过程投射被投射小句。在观点投射中，投射小句以思维过程投射被投射小句。

从语篇意义角度来看，《中庸》原文语言投射的语篇意义主要涉及主位-述位结构、主位推进模式和连贯机制。首先，在语言系统中,"投射小句复合体的第一个小句为主位,后面的小句为述位"(曾蕾,2006:166)。根据这个界定,在《中庸》原文中典型的投射主位结构为:投射小句^被投射小句(见表2)。如:

> 子曰:"人皆曰'予知',驱而纳诸罟擭陷阱之中,而莫之知辟也。人皆曰'予知',择乎中庸,而不能期月守也。"

在这个例句中,投射小句"子曰"为主位,被投射语段为述位。这种投射模式与《论语》相似,为古代记言体的典型主位结构。

表2 《中庸》原文的主位结构

主位	述位
投射小句	被投射语段
子曰	"人皆曰'予知',驱而纳诸罟擭陷阱之中,而莫之知辟也。人皆曰'予知',择乎中庸,而不能期月守也。"

其次,从主位推进模式来看,根据黄国文(1988)和朱永生、严世清(2001)对主位推进模式的分类和定义来分析,《中庸》原文采用的多是主位同一型推进模式,如:"仲尼曰……子曰……子曰……子曰……"(见表3)这种主位模式最早来源于宫廷史官在记录统治者讲话时使用的投射标记文字,用以表示下文所记皆为实录(张怀通,2008:188)。而这种语篇功能在《中庸》中同样存在,不断重复的"子曰"代表了文中所记为孔子所说的话的实录。虽然《中庸》中对孔子言论记录的时间、地

点、场合皆有所不同,但这种主位推进模式把这些原本零散的话语结合为一个连贯的语篇。

表3 《中庸》原文的主位推进模式

主位	述位
子曰	"道其不行矣夫。"
子曰	"舜其大知也与!舜好问而好察迩言,隐恶而扬善,执其两端,用其中于民。其斯以为舜乎!"
子曰	"皆曰'予知',驱而纳诸罟擭陷阱之中,而莫之知辟也。人皆曰'予知',择乎中庸,而不能期月守也。"

除了主位推进模式,Halliday & Hasan(1976)提出通过使用词汇或语法层次上的衔接技巧也可实现语篇内在逻辑的连贯。从这个角度来看,《论语》原文中投射结构所体现的衔接技巧主要为重复。这种"子曰……子曰……子曰……"的行文格式也实现了一定的衔接功能意义,它标记前一句或一段语录的结束、另外一段的开始。原文中各语段之间并没有明确的联系,有的甚至没有过渡就直接切换了对话的场景。因此,不同投射语段之间并没有语法上或者词汇上的衔接,而是用"子曰"来表示一个新的场景、主题或观点的开始。换言之,"子曰"作为一种衔接技巧,在原文中用于提示场景和主题的切换。

3.2 《中庸》漫画投射的构图意义

在《中庸》漫画中,原文的线性投射结构经过符际翻译,被重构为由投射信号和投射信息的空间排列所实现的图文多模态投射结构。投射信号对应了语言投射中的投射小句,包含了投射主体和矢量（对话泡或思维泡）。而投射信息则对应了语言投射中的被投射小句，它是指对话泡或思维泡内的非直接主客观经验。在《中庸》漫画中，投射信号多由图像资源构成，包括投射主体人物图像和矢量。在这种投射结构中，述说投射由对话泡的突出斜线所构成的矢量实现，观点投射由思维泡所构成的矢量实现。除此之外，也存在由图像和文字共同构成的投射信号。例如，图2（a）的第一个画格，既包含了文字投射信号（投射小句）"孔子说"，也包含了图像投射信号（孔子人物形象和对话泡）。同样的，在《中庸》漫画中，投射信息也可以由语言资源、图像资源或图文多模态资源实现，如图2（b）的第一个画格，对话泡内既有文字投射信息，也有图像投射信息。

（a）

国学漫画投射中构图意义的多模态构建

(b)　　　　　　　　　　(c)

图2　《中庸》漫画例图之一

从构图意义的角度来看,《中庸》漫画图文投射的构图意义主要涉及显著性、取景、构图排版和连贯机制。首先,从显著性的角度来看,根据视觉语法的定义,视觉图像中的元素在创作过程中被赋予不同的吸引程度,其程度差异受许多因素的影响,如:布局的前景化或背景化、相对大小、形状、影像清晰度、色调(Kress & van Leeuwen,2006:177)。在《中庸》漫画的投射结构中,投射主体被赋予了较高的显著性,其在漫画画格的构图排版中处于显著地位,并倾向于前景化。如图2(a)的第一、三画格,投射主体孔子的人物形象位于画格下方中央偏左的显著位置,且占据较大的排版篇幅。第一画格的背景相对简洁,仅有两棵树木衬托在右上角,作为背景化的环境信息。由此可见,画格中孔子的形象被前景化。

除了将投射主体前景化以突出其显著性之外,《中庸》漫画还通过画格内部构图结构上人物比例的失调来突显投射主体的显著性。在绘画构图中,创作者一般会遵循"近大远小"的透视原则对画面各个元素进行编排。而在《中庸》漫画的部分画格中,作者却刻意违反了"近大远小"的透视原则。如图3中,孔子正在讲述为人处世的道理,在孔子的身旁绘有一位正在聆听孔子讲话的角色。其中投射主体孔子和言语的接收者处于同一水平线上,故其人物比例大小应较为相似。但在这幅图中,孔子的人物大小几乎为言语接收者的两倍,即作者刻意放大了孔子的人物比例,同时缩小了接收者的人物比例,使投射主体孔子成为该画格中最为显著的元素。这种构图模式在国学漫画中极为常见,作者刻意将主要投射主体孔子的人物图像比例放大,且将孔子的学生和听话者的比例缩小。通过这种较为明显的比例失调,起到突显投射主体孔子的作用,引导读者的视线和注意力向孔子和其言论集中。这种构图安排,实现了和原文将"子曰"用作主位的同样的语篇效果,都凸显了孔子作为言语者在语篇结构中的重要性。

图3 《中庸》漫画例图之二

其次,从取景(Framing)的角度来看,视觉语法认为,取景框是实现视觉图像构图意义的一个重要因素,其使用与否标识了图像间的链接性和边界性，揭示出不同图像之间是否处于同一个场景（Kress & van Leeuwen，2006：177）。在《中庸》漫画中，作者将每一个画格加框，将其与外面的世界分离开来。画框的边界属于时间边界，边框内的内容属于同一个时间节点所发生的事情，而各个画框则按投射言论的时间先后顺序进行排列。如图 2（c），该画页的 5 幅画框皆由取景框所分割，每个画框内都包含一个图文投射结构。画框的顺序也代表了这 5 个投射结构在时间上的先后顺序。因此，由边框所提示的投射发生时间顺序，也是该画页的主要衔接手段。

另外，从漫画的构图排版（Layout）角度来看，根据 Bateman et al.（2017）提出的漫画构图系统网络来分析，国学漫画《中庸》的构图排版属于较为简单的多样化表格层级构图模式。在这种构图模式中，漫画的一个画页被分割成多个表格状的画格。例如，图 2（c）的画页外框的长宽比例是固定的，且表格状画页内部的横轴也是固定的，即行与行之间的宽度是一致的。而画页内部的纵轴则根据情节和内容的需要进行左右调整。这种构图排版模式与其他类型相比相对简单，不需要过多的漫画识解经验即可轻松解读，因此降低了漫画的阅读门槛和难度，扩大了目标读者群。简单的构图结构也突显出国学漫画的体裁特征，使读者可以将注意力更多地放在对漫画所传递的国学经典内涵的识解上。在这种构图模式中，投射结构通常会在第一个画格中显性出现，包括图像投射主体、文字投射主体、显性对话泡和投射信息，用以建立一个新的投射场景和故事情节。而在章节故事结束后，章节的最后画格通常为总结画格，以投射结构来结束场景和情节。如在图 2（a）这个画页中，最后一个画格所投射的并非原文的语段，而是针对该篇章的思想内涵进行总结，标志着该章节的结束。因此，通过在《中庸》漫画的排版中，投射结构作为一个场景主题的起点和终点，用于建立和结束特定故事情节，成为语篇连贯的一个重要标志。从这个角度来看，这种由图像和文字两种符号资源实现的构图排版是对原文语篇意义的扩张。

最后，从漫画画页的连贯机制角度来分析，投射结构是国学漫画画页间的主要衔接手段之一。本文根据 Tseng & Bateman (2018) 提出的漫画连贯与衔接分析框架，对《中庸》漫画中《君子以人治人》这一章节中的投射信号、投射信息、其他参与者、环境成分等进行了标注和分析，分析结果如图4所示。在这6条主要的衔接链中，主要投射主体孔子的衔接链的连贯值最高，其衔接链也相对完整，其人物形象在各个画格中不断重复，并从画页1的第一个画格持续到画页4的最后一个画格。图2（a）截取了这一章节中的第9至第13画格，可见投射主体孔子在每一个画格都被持续地描绘出来，其表情、体态、动作没有明显变化，比起其他参与者一致性相对较高。因此，从漫画画页的层次看来，孔子的人物形象不仅处于显著地位，还贯穿了整个画页。漫画通过对投射信号（孔子画像＋显性或隐性对话泡）的不断重复，使各个画格成为一个连贯的整体。在漫画里，投射信号的重复甚至比语言投射更多。原文的一个"子曰"对应了漫画中的数个孔子的画像。孔子视觉形象也贯穿了全书，成为实现语篇连贯性的一个重要因素。

总的来说，国学漫画《中庸》在符际翻译的过程中，通过符号资源的整合与重置，基本再现了原文投射的构图意义。一方面，从画格内部来看，投射主体孔子的前景化与显著性构图实现了与原文将投射小句"子曰"作为主位的同样的语篇功能。另一方面，从画页的层次来看，漫画语篇通过对投射信号（孔子画像＋显性或隐性对话泡）的不断重复，与原文"子曰……子曰……子曰……"的同一主位推进模式相对等，都是实现语篇连贯性的一个重要因素。除此之外，由于表意符号资源的增加，漫画还对原文投射的语篇意义进行了扩张，通过取景框、人物比例调节、前景化或背景化、排版等符号资源实现了漫画投射独有的构图意义。

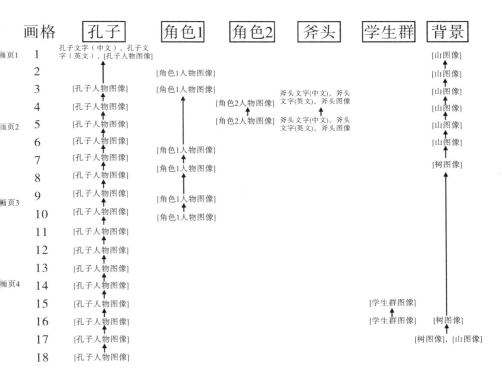

图4 《中庸》漫画之《君子以人治人》衔接链分析

3.3 符际翻译过程中的再语境化

本文认为，决定了以上的主位结构及其推进模式异同的正是符际翻译过程中文化语境和情景语境的重构。在符际翻译过程中，原文的传统中国文化语境被重构为现代中国文化语境。漫画译本所重构的文化语境由情景语境实现，涉及语域中的语场、语旨、语式三个变量。因此,通过对《中庸》原文和漫画中的语场、语旨、语式三要素的分析,可以进一步解析译者的翻译策略及漫画译本的相对对等参数。

从语场的角度来看,《中庸》原本和漫画译本的主题思想和情节内容基本一致,因此语场基本对等。为了更好地突显主体,作者利用漫画画页的构图排版,在每个章节的第一个画格添加了中英文标题,然后在之后的画格中通过投射结构层层递进地展开故事情节、塑造人物形象并揭示原文所阐述的主要观点。此外,在部分章节的最后一个画格,作者还加入了一个总结画格,用图文述说投射结构对该章节所表达的主题思想进行阐释和总结,这种叙事方法显示出漫画的特点。

从语旨的角度来看,在交际过程中,根据参与者及其性质、社会地位、社会角色的差异,可产生不同的语旨。在《中庸》漫画中,主要角色的人物关系与原文基本一致。在此基础上,漫画译文对投射主体孔子和其他角色比例的夸张化调整,从参与者的角度增加了投射的构图意义,使人物角色显性化。译者将孔子作为投射整个故事的主体和最为显著的角色,通过孔子的叙述,将情节栩栩如生地展现在读者面前。另外,从译者和读者的交际活动角度来看,在《中庸》漫画中,作者和读者参与了重构文化语境的交际活动,从而导致了译文和原文宏观投射结构的不一致性。虽然《中庸》漫画译文的叙事结构及所增加的相关内容与原文有所出入,但这并未影响原文中的主要角色(孔子及其相关人物)及其情节与主题的关系。其中,原文中的隐含作者与读者的关系,在漫画译本中一定程度上被新增的作者与目标读者的关系所取代。

总的来说,原文的情景语境(或语域)配置是孔子与学生话语与活动的古代记言文学语篇体裁;而漫画的情景语境配置被重构为漫画作者以图文形式再现的孔子在不同场景下教导学生、市民和官宦的学术漫画体裁。由此可见，正是漫画本的情景语境中语旨的变化和重构，引起了情景语境中其他两个变量的参数调整。而语式参数的重新配置，导致漫画投射结构与原文产生了差异，从而构建出其独特的图文投射构图模式。

4. 结论

本研究主要依据系统功能语言学指导的符际翻译理论和视觉语法的多模态投射分析框架，构建了从语言语篇到多模态漫画语篇的符际翻译过程中投射的对比分析框架，并利用此模式对《中庸》原文和漫画译文的投射现象进行了对比分析。

研究结果显示，原文由投射小句和被投射小句的线性排列实现的投射结构，经过符际翻译后，被符号化为由图像和文字组成的投射信号和投射信息的空间排列。被符号化的投射结构的构图意义基本实现了与其原文语篇功能的相对对等。第一，从画格的层次来看，投射主体被赋予了较高的显著性，其在漫画画格的构图排版中处于显著地位，并倾向于前景化。且作者通过对投射主体和其他角色人物比例的夸张性对比，突显了孔子作为言语者在语篇结构中的重要性，实现了和原文将投射小句用作主位的同样的语篇效果。第二，从画页的层次来看，对投射信号（孔子画像＋显性或隐性对话泡）的重复是漫画主要的衔接连贯机制，与原文的同一主位推进模式相对等。除此之外，由于表意符号资源的增加，漫画还对原文投射的语篇意义进行了扩张，展现出更为独特复杂的多模态语法语义机制。漫画通过取景框、图文排版等符号资源实现了漫画区别于原文投射的独有的构图意义。本文认为，决定了以上的主位结构及其推进模式异同的是符际翻译过程的语境重构。通过对原文文化语境和情景语境三变量的重新配置，国学漫画的投射结构和语篇功能与原文产生了差异，构建出了其独特的图文投射构图模式。本研究的结果不仅阐释了漫画投射分析的必要性,也指出了符际翻译的功能语言学和多模态话语分析途径的可行性。

参考文献

Bateman, J. A., Francisco, O. D., Veloso, J., et al. An Open Multi-level Classification Schema for the Visual Layout of Comics and Graphic Novels: Motivation and Design [J]. *Digital Scholarship in the Humanities*, 2017(3):476 – 510.

Halliday, M. A. K. *An Introduction to Functional Grammar* [M]. London: Arnold, 1994.

Halliday, M. A. K. & Hasan, R. *Cohesion in English* [M]. London: Longman, 1976.

Jakobson, R. On Linguistic Aspect of Translation [C]//Brower, R. A. (ed.). *On Translation*. Cambridge MA: Harvard University Press, 1959:232 – 239.

Kress, G. & van Leeuwen, T. *Reading Images: The Grammar of Visual Design* [M]. London: Routledge, 2006.

Matthiessen, C. M. I. M. The Multimodal Page: A Systemic Functional Exploration [C]//T. D. Royce & W. L. Bowcher (eds.), *New Directions in the Analysis of Multimodal Discourse*. Mahwah, NJ: Lawrence Erlbaum Associates, 2007:1 – 62.

O'Halloran, K. L., Tan. S. & Wignell. P. Intersemiotic Translation as Resemiotisation: A Multimodal Perspective [J]. *Signata. Special Issue on Translating: Signs, Texts, Practices*. 2016:199 – 229.

Tseng, C. I. & Bateman, J. A. Cohesion in Comics and Graphic Novels: An Empirical Comparative Approach to Transmedia Adaptation in City of Glass [J]. *Adaptation*, 2018(2):122 – 143.

蔡永贵，余星. 基于语料库的《论语》两个英译本的翻译风格研究［J］. 外国语文，2018（5）：127－136.

陈吉荣. 翻译的默认值、参照点与体验性：论"语内翻译"与"语际翻译"的差异与共性［J］. 外语学刊，2017（1）：85－90.

谷慧娟.《论语》英译与中国文化"走出去"［J］. 出版发行研究，2019（3）：77－81.

黄国文. 翻译研究的功能语言学途径［J］. 中国翻译，2004（5）：17－21.

黄国文. 典籍翻译：从语内翻译到语际翻译：以《论语》英译为例［J］. 中国外语，2012（6）：64－71.

黄国文，陈莹. 从变异看《论语》的英语翻译［J］. 外语与外语教学，2014（3）：61－65.

黄国文. 语篇分析概要［M］. 长沙：湖南教育出版社，1988.

龙明慧. 与时俱进创新翻译：论数字化时代中国典籍复译［J］. 外国语，2020（2）：121－128.

桑兵. 晚清民国时期的国学研究与西学［J］. 历史研究，1996（5）：30－45.

王福祥，徐庆利. 民族文化身份嬗变与古代典籍核心词汇翻译：以《论语》中的"仁"为例［J］. 西安外国语大学学报，2013（2）：98－102.

王宁. 走出"语言中心主义"囚笼的翻译学［J］. 外国语，2014（4）：2－3.

杨小玲. "君子"与儒家教化传播思想：《论语》的传播学解读［J］. 当代传播，2011（3）：21－23.

曾蕾. 投射信息中语码转换的人际与语篇意义构建［J］. 天津外国语学院学报，2006（6）：53－58.

张怀通. "王若曰"新释［J］. 历史研究，2008（2）：182－188.

朱永生,严世清. 系统功能语言学多维思考 [M]. 上海:上海外语教育出版社, 2001.

The Realization of Compositional Meaning of Multimodal Projection in Sinology Comics: A Case Study of the Translation of *The Middle Path*

Zhu Xinyu

Abstract: This study analyzes the multimodal projection in *The Middle Path* and its comic adaption from the perspective of compositional metafunction, aiming at demystifying the reconstruction of semiotic resources in intersemiotic translation process. To achieve this research aim, a comparative analysis of projection in sinology comics *The Middle Path: Living a Life of Harmony* and its original texts is conducted. The results show that the projection in sinology comics is not only functionally parallel to that in the original texts but also realizes the semantic expansion from the perspective of compositional metafunction.

Key words: sinology comics, projection, intersemiotic translation

Well 语标功能与翻译环境交互分析*

练敏诗　肖好章**

摘要：本文从生态翻译三维适应转换视角分析了在英语语标（话语标记）well 的汉译过程中译者对各自翻译生态系统的适应方式。通过对《傲慢与偏见》中出现的语标 well 的功能的分析及其三个译本的对比，本文探讨了语言与环境（尤指互文语境、译者认知环境）的互动中产生的不同语境效应。

关键词：话语标记　生态翻译学　语用功能　Well　语言与环境　相互作用

1. 研究背景

1.1 生态翻译学研究

生态翻译学是在翻译适应选择论的基础上发展而来的（胡

---

* 本文受到大学生创新创业项目（国家级 2018）及华南农业大学教改项目（2021）资助。

** 练敏诗，华南农业大学外国语学院教师、博士。肖好章，华南农业大学外国语学院教授，博士。

庚申，2006）。生态翻译学是结合了生态学和翻译学的交叉学科，是从生态视角将翻译生态与自然生态作隐喻类比进行的翻译研究，着眼于翻译生态系统的整体性，主要研究的问题是如何使翻译更适应其所在的翻译生态系统。三维适应转换指语言维、文化维和交际维上的转换。语言维关注翻译文本的语言表达，文化维注重翻译的语境效果，交际维则注重翻译中的人际意图。翻译过程中，译者常常需要依照语言、文化、交际三个维度做出适应性的选择转换。本文拟将三维适应转换视为一种翻译方法，并以示例加以检验。

1.2 语标 Well 研究

对 well 的功能研究较复杂，尚无一致的功能分类。就术语描述而言，社会语言学多称之为"话语标记"，语用学则称之为"语用标记"。学者已从连贯理论（Schiffrin，1987）、认知视角（Jucker，1993）等多角度尝试研究 well 的功能。作为平行文本，well 具有面子威胁缓和、延缓、信息短缺以及信息修正的功能（冉永平 2003）；也有以英语文学著作的译本为语料，对语标 well 进行语用功能分类，并分析其处理方法（吴勇、郑树棠，2007）。本文采用 Fung & Carter（2007）的观点，把 well 的功能划分三类：①表明态度（人际类），②开启/结束话题（结构类），③表示正在思考（认知类）。本文结合生态翻译学的三维适应性转换，分析《傲慢与偏见》中语标 well 的功能，讨论其与译者的认知环境交互中产生的不同翻译语境效应。

2. 三维适应转换下语标 Well 的中译分析

语标 Well 具有三种功能：在结构类中表示开启话题和转换话题，在认知类中表示正在思考或正在犹豫，在人际类中表明态度。

2.1 语言维：结构类（开启/结束话题）

生态翻译学有关三维适应转换的观点认为，语言维关注翻译的文本表达，语言维的适应性选择转换即译者在翻译过程中对语言形式的适应性选择转换。如：①

原文："Well, my dear," said he, when she ceased speaking…（p. 363）
王译：她讲完了，他便说道："好孩子，这么说……"
孙译："好孩子，"等女儿讲完了，他便说道……
张译："好，亲爱的孩子，"他等她讲完才说……

原文中，well 的语用功能是开启伊丽莎白和达西婚事的话题。王译中的"这么说"具有引出话题的功能，与原文中 well 的语用功能相符，而且译者顺应了汉语的表达习惯，调整了"这么说"在句中的位置，对原文进行了语言维上的适应性转换。孙译中没有翻译 well，丢失了原文 well 具有的语用功能。张译中将 well 译为"好"，"好"不具有开启话题的功能，而是结束话语的功能。综上所述，王译为佳。

2.2 文化维：认知类

Well 的认知功能主要指译者认知环境，有两种功能：
第一，表示正在思考。例如：

---

① 本文引用的 Jane Austen 的 *Pride and Prejudice* 为伦敦 Harper 出版社 2010 年版本；"王译"指王科一译本，上海译文出版社 2018 年版；"孙译"为孙致礼译本，译林出版社 2018 年版；"张译"为张玲、张扬译本，人民文学出版社 1993 年版。

原文: He could not help seeing that you were about five times as pretty as every other woman in the room. No thanks to his gallantry for that. Well, he certainly is very agreeable, and I give you leave to like him. (p. 12)

王译: 你比舞场里任何一位小姐都要漂亮得不知多少倍,他长了眼睛自然会看得出。他向你献殷勤你又何必感激。说起来,他的确很可爱,我也不反对你喜欢他。

孙译: 他不会看不出,你比舞厅里哪个女人都漂亮好多倍。他为此向你献殷勤,你犯不着感激他。他的确很可爱,我也不反对你喜欢他。

张译: 他难道看不出,你比舞场里哪个女的都要漂亮上十倍。他是为了这个对你殷勤的,用不着过意不去。不错,他确实挺讨人喜欢的,你尽管去喜欢他好了。

原文中,伊丽莎白一开始说出了自己的看法,然后站在姐姐的角度思考,认为他们可以在一起。王译将 well 译为"说起来";在汉语中,说"说起来"一般意味着讲话者在思考,在此处表示伊丽莎白在思考宾利的为人,符合原文语境。孙未译 well 的功能。张译为"不错";在汉语中,当一个人向对方表示认同时会说"不错",在此处,伊丽莎白经过思考后,和姐姐一样觉得宾利人好。综上所述,王译和张译都译出了原文的效果。

第二,表示犹豫。例如:

原文: Upon my word! – Well, that was very decided indeed – that does seem as if – but, however, it may all come to nothing, you know. (p. 17)

王译: 一定的!说起来,那的确成了定论啦——看上去的确像是——不过,也许会全部落空呢,你知道。

孙译：真没想到！——态度的确很明朗——的确像是——不过，你知道，这也许会化为泡影。

张译：那是一定的！——是呀，那是确定无疑的——那看来好像——不过，虽然如此，你知道，这也可能落个一场空呢。

此例中，伊丽莎白凭直觉认为宾利一定会看上简，然后停下犹豫了一会儿，结合卢卡斯的听闻后再次确定了自己的想法。王译将 well 译为"说起来"；汉语中，人们会用"说起来"来填补犹豫时话语的空缺。孙未译 well，无法表达迟疑。张译将 well 译为"是呀"，但汉语中，人们不以"是呀"表示迟疑。综上，王译合适。

2.3 交际维：人际类（表明态度）

交际维关注翻译的人际意图，交际维的适应性选择转换即译者在翻译过程中关注双语交际意图的适应性选择转换。如，

原文："Oh, well! it is just as he chuses…"（p. 221）
王译："哎哟，听他的便吧……"
孙译："哼！随他的便吧……"
张译："嗯，那好，随他的便吧……"

原文中，宾利不再住在内瑟菲尔德了，贝内特太太对此感到不屑。王译将 well 译为"哎哟"；在汉语语境中，人一般在感到疼痛或者觉得心痛时才会说"哎哟"，这样处理没有翻译出原文贝内特太太的不屑，因此翻译不当。孙译将 well 译为"哼"，"哼"在汉语中是一个表示不屑的感叹词，很好地将贝内特太太的态度翻译了出来，传达了对宾利表示鄙夷的交际意图。张译的"那好"没有翻译出贝内特太太的态度。综上，孙译为佳。

3. 讨论与结语

本文从生态翻译学的语言维、文化维和交际维三个角度，对比分析了三个译本中 well 三类功能的翻译及其适应翻译生态系统的情况。在王科一译文、张玲和张扬译文中，well 主要被译为感叹词或短语；在孙致礼译本中，well 功能多被译为感叹词或不译。为什么三位译者的译文如此迥然？其原因可能是在语言与环境的相互作用过程中，语言在与环境（包括互文语境，尤其译者的认知环境）的互动中产生了不同的语境效应。意义的产生是从动态语境中涌现的，这说明环境对语言的影响和制约作用。另一方面，语言又对环境发挥作用。这一点可以见于重译者受到更多平行文本的影响。由此可见，三维适应转换方法有其局限性，无法解释语言与环境的多维交互过程和意义涌现方式。译者须根据互文语境、认知背景，丰富翻译语境。正如肖好章（2021）的多维协同连续统模型所言，要寻求恰当的环境供给，在主客观语境多维要素的辩证交互中产出最佳的语境效应，译者需根据 well 的多维度进行调整，以适应其所在的翻译生态系统。

参考文献

Austen, Jane. *Pride and Prejudice* [M]. London: Harper Press, 2010: 1 – 373.

Fung, L. & Carter, R. Discourse Markers and Spoken English: Native and Learner Use in Pedagogic Settings [J]. *Applied Linguistics*, 2007, 28 (3).

Jucker, Andreas H. The Discourse Marker *well*: A Relevance-Theoretical Account [J]. *Journal of Pragmatics*, 1993, 19: 435 – 452.

Schiffrin, D. *Discourse Markers* [M]. Cambridge: Cambridge University Press, 1987.

奥斯丁. 傲慢与偏见 [M]. 王科一, 译. 上海: 上海译文出版社, 2018.

奥斯丁. 傲慢与偏见 [M]. 孙致礼. 译. 南京: 译林出版社, 2018.

奥斯丁. 傲慢与偏见 [M]. 张玲, 张扬, 译. 北京: 人民文学出版社, 1993.

胡庚申. 例示"适应选择论"的翻译原则和翻译方法 [J]. 外语与外语教学, 2006 (3): 49-52+65.

冉永平. 话语标记语 well 的语用功能 [J]. 外国语 (上海外国语大学学报), 2003 (3): 58-64.

吴勇, 郑树棠. 论话语标记语 WELL 语用功能在英译汉中的再现 [J]. 外语与外语教学, 2007 (7): 47-52.

肖好章. 生态语言学连续统理念: 多维协同连续统模型 [J]. 外语教学与研究, 2021 (4): 483-495+638.

Functions of "well" as Discourse Marker and Its Interaction with the Translation Environment
Lian Shimin & Xiao Haozhang

Abstract: This paper analyzes how translators adapt to their own translation ecosystems in the process of translating *well* from the perspective of three-dimensional adaptation and transformation in ecological translation. By comparing the functions of *well* in *Pride and Prejudice* and its three translations, this paper discusses the interaction between language and environment, especially the intertextual context, and translators' cognitive environment.

Key words: discourse marker, ecological translation, pragmatic function, *well*, language and environment, interaction